新しい知の世紀を生きる教育

まえがき

二十世紀は知によって開かれた創造と破壊の世紀であった。二十一世紀は新しい知によって創造されなければならない。二十世紀は科学技術が発達した輝かしい世紀であったが、革命と戦争、環境破壊などを惹き起こした悲惨な世紀でもあった。科学技術の発達は、人間に豊かさをもたらし人類のすばらしい未来を開くものと確信して、多くの人々は研究・開発に命を賭けた。その結果、生活は便利になり物質的に富み、医学は進歩して寿命は延びた。しかし、他方では核の脅威や環境破壊、食糧やエネルギー問題などが起こり、人類の生存すら脅かす人類危機の状況が起こった。また、富の不平等・不公平な分配、殺戮、貧困、飢餓、難民、対人地雷、麻薬禍など人間性否定の状況が蔓り、国内では、社会規範意識の喪失や企業倫理の欠如など精神性の荒廃が起こった。子どもたちの間にもいじめや不登校、学級崩壊や援助交際、さらには人々を震撼させるような神戸の小学生連続殺傷事件を初め、特に、最近では十六、七歳の青少年による凶悪な殺傷事件が多発するなど、人間存在そのものを否定するような人間危機の状況が起こっている。

この人類的・国民国家的課題の克服は、現代の知的追究の方法論の延長線上にある知とは異質の新しい知によらねばならない。その「知」は、単なるナリッジ（knowledge＝知識）ではなく、状況に応じて、修得した知識を駆使して課題探求する能力としてのウイズダム（wisdom）、ないしはソフィア（sophia）を意味する「英知」である。知的活動は人間以外の動物にも見られるが、それは人間の比ではない。その意味で、知はもっとも人間的行為である。その「知」は、知性や倫理性、理性や感性、意志や情緒性、社会性や協調性などが知識と共に総合的に作用する「知」であり、すべての人に保障されなければならない。それは科学者等の一部特定の人の専有物ではなく、すべての人が共有して現代的課題に当たらなければ人類に未来はないし、個人としても人間を生きられない。そのためには、新しい知を創造し新しい知の世界を開く教育を追求しなければならない。もちろん、知の再構築の方向や「新しい知」の創造の方法が見えているわけではない。模索する外ない。虞れを持って新しい知と教育の在り方を問題提起する。それは知的活動と道徳的活動が二項対立的ではなく、知性と倫理性と意志、理性と感性、主体性と社会性と協調性が総合的に作用するあり方である。授業で教材の本質を追求する過程で、人間に出会い、発見・創造が起こり、感動が生まれ、強い意志が働き、子どもが学びの中で自己を確立し、その子になっていく。教科、道徳、生活科、総合的学習の時間で知的活動と体験的活動における諸力が相互媒介的に相乗的に作用して、生きて働く力となる。

このような認識に立って、教育の本質、教育人間学、教育の歴史、人間の生と死、関係の哲学、教育実践及び新教育課程について、新しい知の教育の視点から考察した。ご批判を戴きたい。新世紀は情報の世紀と言われる中で、「新しい知の世紀を生きる教育」を提起しながら、情報教育の問題は他の機会に譲る。最近の出版事情の厳しい時に、この書を世に出すことについて特別のお取り計らいを戴いた一莖書房の斎藤草子さんにお礼を申し上げたい。

二〇〇一年一月

編者　野村　新

目次

第四章　教育関係論

第一章　近代教育の基礎理論

はじめに

教育という営みは人類の誕生と同時に始まっている。親は子に生きるための智恵をさずけた。狩猟漁撈の生活から農耕牧畜へと発展し、ムラが出来、クニが成立する。その過程で文字がつくられ、歴史が刻まれてきた。世代から世代へと文化が伝達される。異文化への関心も高まっていく。やがて、世界が見えてきたわけである。

私たちは、今、アジアの一角に住んでいる。かつて、ギリシャ人たちが捉えたアジアは、三つの文化圏に分かれていたと言われる。ヘレニズム世界、仏教圏（インド文化）、儒教圏（中国文化）である。東海の島国・日本は、中国や朝鮮を架け橋にして儒教や仏教を受容する。飛鳥芸術の中には遠くギリシャの影響も受けているという。

時代は降《くだ》って十六世紀になるとキリスト教と鉄砲が日本に入ってきた。キリシタン学校が設立されたことは注目に値する。やがて、鎖国のもと、僅かにオランダを介して西洋文化と接触するわけだが、明治維新を契機にわが国の文化は一大変革を遂げた。

近代化、それは西洋化の波を受けながら、世界の中に伍していける国家を築くことであった。そのための手段として教育が大きな役割を果たしたことは申すまでもない。残念ながら、明治・大正・昭和と進む中で、戦争による国土拡張の野望は破られ遂に敗戦、一九四五年を起点に再出発となる。爾来五十余年、わが国の教育には、今、いかなる使命が課されているのだろうか。

本章では、近代世界の歩みを辿りながら、教育とは何かについて考察してみたい。現実の教育現象に対処するための広い視野と高い見識が問われているからである。

第一節　ルソー・ペスタロッチ・フレーベル

人間形成の理念は時代と共に変遷していくものと考えられる。二十一世紀の到来を機に新しい人間像を追求するならば、それは地球市民の育成に帰着すべきであろう。世界平和をめざして共存共栄できる国際社会の実現、そのための人間形成、さらに、教育環境の整備が要請される。

教育思想の変遷を辿る仕事は、こうした要請に応えるための必要条件である。そこで、まず、日本の近代教育に強烈な影響を与えた西洋の思想家たちに注目してみよう。

〔ルソー〕

近代教育思想の源流をどこまで遡及するかという大問題はさて置き、教育の核になる子どもに着目してみると、ルソー（J.J. Rousseau 1712～78）を起点に考察することができるであろう。

ルソーはスイスのジュネーブで時計師の家に生まれた。出生の折り、母と死別し、父とは十歳で生別する。十六歳、ヴァランス夫人のもとに身を寄せた頃からそれまでの放浪・無頼な生活を一転、独学に努め、三十歳になってパリに出た。「学問芸術論」（ディジョン・アカデミー懸賞論文）で文名を挙げたのが一七五〇年、その後、『人間不平等起源論』『社会契約論』『エミール』等を発表、一躍ヨーロッパ思想界の寵児となる。

主著『エミール』（一七六二年）記載のことばをいくつか引用してみよう。

「万物は創造主の手から出るときは善であるが、人間の手に移されると、ことごとく悪となる。」

「人は子どもというものを知らない。子どもについてまちがった観念をもっているので、議論を進めれば進めるほど迷路にはいりこむ。このうえなく賢明な人々でさえ、大人が知らなければならないことに熱中して、子どもにはなにが学べるかを考えない。かれらは子どものうちに大人をもとめ、大人になるまえに子どもがどういうものであるかを考えない。」

「子どもは大人よりも小さい。子どもは大人と同じように、あるいはほとんど同じように見たり聞いたりする。子どもはそれほど繊細ではないが、大人と同じようにはっきりした味覚をもち、大人と同じように匂いを嗅ぎわける。」

「自然が、子どもがおとなになるまでは、子どもであるように望んでいる。もし、私たちがこの順序を乱そうとすれば、成熟していない、味わいのない、そしてじきに腐ってしまう、早熟の果実ができるであろう。若い博士や年とった子どもができるであろう。子ども時代には、それに特有の見方、考え方、感じ方がある。それを私たちおとなの見方、考え方、感じ方に変えようとすることほどばかなことはない。」

このように、子どもには特有の世界が存在していることの意義を高らかに唱え、子どもに無限の可能性を期待したのである。

近世ヨーロッパ哲学史上の大貯水池と称され、「人間は教育によって人間になる」という教育学の命題を提起した哲学者・カント（Immanuel Kant 1724～1804）が『エミール』に読み耽った時、彼は日課である散歩の時間を忘れていたという。それほどに衝撃を与えた書だと言われる。

ルソーの思想について特質をあげるとすれば、第一に、「自然人」という新しい人間――身分、階級、富の上に安住せず、他人の痛みにも共感できる人類愛を持ち、自己保存の力を持った――の形成を目的としていたこと。第二に、「消極教育」――自然の教育――を唱導し、子どもの主体性を信じていたこと。第三に、発達心理学的見地に立って、誕生から成人になるまでを五段階に分け、身体養護（一・二歳）、感覚教育（十二歳頃まで）、知育（十五歳頃まで）、道徳教育（二十歳頃まで）、政治教育（二十二歳まで）を教育課題にしたこと。そして第四には、『社会契約論』で強調した普遍意志、人民主義、直接民主主義等と表裏一体をなした革新性を持った教育思想であること等である。

ナポレオン（B. Napoleon 1769～1821）は「もしルソーなかりせばフランス革命は起こり得なかったであろう」と述べている。まさにペンは剣よりも強かったと言えよう。

ルネッサンス、宗教改革、啓蒙主義等に代表される近世教育史の高原に花咲く巨人たちの遺産を受け継ぎながら、ルソーは必死になって近代教育思想を構築したと思われる。ルネッサンス以後の種々な思想は、天才ルソーにより、何らかの意味で克服されたらしい。それは子どもの発見——児童観の発展とヒューマニズムの高揚——に集約される教育原理の確立であった。

〔ペスタロッチ〕

『エミール』は、裕福だが両親のない少年エミールについての教育小説である。その背景には孤独の中で成育したルソーの自分史が存在し、著者の理想が隈なく反映している。彼の苦悩なかりせば、「子どもの発見」はなしえなかったと言えるかも知れない。しかし、その中に登場するのは、現実の社会にはどこにも見い出せない抽象的な子どもだった。ペスタロッチ（J.H. Pestalozzi 1746～1827）を初めとして現代に至る教育思想家の多くは、人間社会のどこにでも見い出せるような具体的な子どもの教育について考察している。

「子どもはできるだけ自由にされなければならない。彼に自由と平和と沈着とを与えうるすべての機会を尊重せよ。事物の内的自然性の結果によって教えるすべてのことを、決してことばで教えてはならない。彼をして、見させ、聞かせ、発見させ、倒れさせ、起きあがらせ、失敗させよ。行動や行為が可能な場合には言葉はいらない。彼は自分でなし得ることは自分でなさなくてはならない。君は人間よりも自然が一層よく彼を教育することを発見するであろう。」

ペスタロッチは、『エミール』の熱狂的なとりこになってしまったらしい。先覚者の高いイデーの中で、従来の教育に対する考え方を修正することができた。彼の社会的活動は三期に分けられる。第一が貧民教育運動（一七七五〜八〇年）、第二が著作活動（一七八〇〜一七九八年）、第三が教育実践（一七九八年以降）である。常にヒューマニズム（人道主義）的立場から人間性に対して畏敬の念を持ち、社会改革をめざした高い教育理論を形成し、実践へのすぐれた方法を樹立し、情熱を持って教育活動に取り組んだのである。

著作『リーンハルトとゲルトルート』では勤勉と忍耐、愛、巧みな技術と方法で子どもを育て、悪癖と怠惰の夫を人間回復させるゲルトルートが描かれており、教授法を説いた『ゲルトルートはいかにその子を教えるか』や『白鳥の歌』につないでいる。『幼児教育の書簡』では、人間性のすべての能力を賦与されている子どもを「まだ開いていない芽」とし、その芽を育て、開かない葉が一枚も残らないようにしなくてはならないという。彼は、子どもの中に成長した愛の芽を人類愛にまで昇華することを期待していた。貧民を愛した彼は単なる慈善家ではなく、人間教育の探究者であった。人間を救済すべき神の愛「アガペー」が、真理を思慕する人間的愛「エロス」と一体化しているところに特色を持つ教育学者であった。苦難を共にした妻アンナに支えられた生涯であった点も忘れてはならない。

生誕百年祭の記念碑に刻まれた碑文は次のような表現でペスタロッチの一生を締めくくっている。

「……人間・キリスト者・市民。すべてを他人のためにし、自分のためには何ものも。恵みあれ、かれの名に。(Mensch, Christ, Bürger. Alles für andere, für sich nichts! Segen seinem Namen!)」

〔フレーベル〕

ペスタロッチにより導き出された合自然の原理、直観教授、生活主義の教育思想は、後世に大きな影響を与えた。中でも彼に直接師事したフレーベル（F. Fröbel 1782～1852）の実践と理論は注目に値しよう。

フレーベルの思想は、彼の墓碑銘「さあ、われらの子どもらに生きようではないか！(Kommt, lasst uns unsern Kindern leben!)」に端的に示されている。著作『人間の教育』『母の歌と愛撫の歌』等を通して彼の児童観が展開されている。

「生まれでたばかりの人間は、この段階で乳のみ子と呼ばれるが、これは言葉の完全な意味においてもまたそうである。というのは、『のみこむ』ということだけが、子どもが軽うじてできる殆どただ一つの活動であり、泣くとか微笑するなどの諸表出もまだなお全く彼自身の内部にとどまっており、『のみこむ』という活動に、直接にかつ不可分に伴っている作用だからである。……人間の発達のこの最初の段階が、……人間の現在と未来にとって、言葉に尽くせないほどきわめて重要なのである。」

「遊戯は、幼児の発達、つまり、この時期の人間の発達の最高の段階である。というのは、遊戯とは……内なるものの自由な表現にほかならないからである。遊戯は、この段階の人間の最も純粋な精神的所産であり、同時に、人間の生命全体の、人間およびすべての事物のなかに潜むところの内的なものや、秘められた自然の生命の原型であり模写である。それゆえ、遊戯は、喜びや自由や満足や自己の内外の平安や世界との和合をうみ出すのである。あらゆる善の源泉は、遊戯のなかにあるし、また遊戯から生じてくる。」

逞しくて、忍耐強く、他人の幸福と自分の幸福のため、献身的に尽くすような人間はどのようにしたらできるのだろうか。それは、「力いっぱいに、また自発的に、黙々と忍耐づよく、身体が疲れきるまで、根気よく遊ぶ」幼児時代の過ごし方に原因を求めることができよう。彼は「学校」にも着目した。

「学校とは、事物および自己自身の本質や内的な生命を生徒に認識させ意識させることを目ざして努力するところである。」

「教授の目的は次の点にある。すなわちすべての事物が、神において統一され、神の中に安らぎ、神の中で生きるものであることを、生徒に洞察させると共に、生徒が将来実生活において、この洞察に従って行為したり活動したりすることができるようにしてやるという点にある。」

「学校に入った少年は、事物の外面的な観察から抜け出て、より高次の精神的な観察に踏みこむことになる。……こうして家庭の秩序から抜け出て、世界のより高次の秩序の中に入ってゆくことこそ、少年を生徒たらしめ、学校を本来あるところのものたらしめる。つまり、真の学校たらしめるものである。」

「すべてのものに生命をふきこみ、すべてのものを活動せしめる、生き生きとした精神の呼吸ないし息吹きのみが、学校を真に学校たらしめるのである。職務として学校の指導や運営や経営などにあたる義務のある人たちには、だれにでも、この点にこそ、深い考慮を払ってもらいたい。」

人間の形成・発達は、永遠の目標に向けて連続発展するものであり、それゆえに保護と助成が必要なのだ、とするフレーベルの教育論の骨子が、これらの表現の中に示されていると言えよう。彼の考案になる積木細工の玩具は「恩物（Gaben）」と命名された。それは各人に内在する「神性」の開発（発達）と、自己表現をすすめる媒体として機能する。ヒューマニズムに根ざす実践こそがペスタロッチの直弟子、フレーベルの本領であった。児童教育の場を「幼稚園」（Kindergarten）と命名したことが彼のすべてを物語っている。

人間そのものを教育の共通課題としながら、ルソーは自然性、ペスタロッチは人間性、フレーベルは神性に、それぞれ統一の中心を置いたと言われている。近代教育思想史の上でこの三人が築いた功績は大きい。それは恰もギリシャのソクラテス、プラトン、アリストテレスの流れに擬せられる。

第二節　エレン・ケイとモンテッソーリ

〔エレン・ケイ〕

新ルソー主義者と言われるエレン・ケイ（E. Key 1849〜1929）は、このような脈絡の中で登場した女流教育家であった。スウェーデンの美しい自然環境のもと、教養豊かな両親に育てられたケイは、「子どもは愛情に満ちた結婚から生まれ、幸せになる権利を生まれながらに持っている」という思想を自らの体験のもとに抱いていたようだ。父の名はエミールであった。これは、ルソーの崇拝者で文学や美術に深い関心を持っていた曽祖父が命名したのである。父は政治家であった。母ソフィは伯爵家の出でありながら、急進的考えの持ち主で、その教養や立ち居振舞いは貴族的だが、その心底には民衆的な精神が充満していた。社会や政治のこと、特に婦人問題にも心を砕き、箱入り娘をつくるような教育には反対した。そして、暴力と不正を何よりも嫌った。母の方針で、子どもたちは質素な生活に導かれていたという。

一八七〇年、エレン二十歳の日記には、子育てに関する七章が記されている。

1、子どもに決して物をねだらせたり、わめいて、求めさせたりしてはいけない。

2、義務を果たさせるために、報酬や贈物や口添えを提供してはならない。

3、子どもを決して欺いたり怖がらせてはならない。

4、子どもを決して殴ってはならない。

5、自分のことは自分で始末させよ。

6、命令はごく少なく、だが服従は無条件で、脅かしは少なく、だが完全実行させる。

7、教育の手段としての打ったり蹴ったりは根絶すべきで、これは動物的な下等な根性を強めることになる。

児童研究者として著作をまとめ、多くの影響を与えたエレン・ケイであるが、彼女は女性解放運動家・教育運動家に成長する過程で理論を形成していったようである。とりわけ『児童の世紀』(*The Century of the Child* 1900) は、二十世紀への思想的発展と教育の方法を提示する警世の書となった。

「二十世紀は児童の世紀」と主張される背景には、当時の教育・文化環境への批判が存在するわけだが、先覚者の理論に学んだことも忘れてはならない。ルソーの影響はもとよりだが、モンテーニュ（Michel de Montaigne 1533～1592）、ロック（J. Locke 1632～1704）、スペンサー（H. Spencer 1820～1903）等の理論が随所に紹介されている。ケイの児童観は、自らの家庭的体験をベースにしながら、子どもの真理研究、先覚者の理論研究等により不動のものとなった。彼女の描いた「未来の学校」にその核心を見ることができる。

そこは、自然の世界、人間の世界、芸術の世界、そして、それに応じての自由な科目選択、言語、活動が用意されている。広大な庭に草花が溢れ、美的感情を培う。各種の手工作業、園芸、遊戯などをとおして身体的機敏さを養う。自由な遊戯やダンスのための集会所、広いスペースが用意され豊富な教材を備えている。あらゆる個人に適応するために、試験もなく、通信簿もない。教師は、生徒に自らの観察を行わせ、決断をさせ、書籍や辞書や地図から自身の勉学の補助を発見させる。その前進の困難を踏み越えるために、生徒自身に闘わせ洞察力を増進させる。自分自身で研究をやり、作業に関し、表現について、正確かつ完全な方法を発見するように試みる。このような訓練と教育が求められるのである。人格が自由かつ完全な発達を遂げることにより、本当の人間的発達は期せられる。

当時は、あまりにも急進的な考え方であるという批判も受けたが、「未来は子どもたちのもの——二十世紀は児童の世紀——」という認識は全世界に浸透していった。日本を例にとると、明治の画一的教育への批判につながり、教授方法を変革させ、大正新教育、さらに戦後学制改革の道標として関心を寄せられている。残念ながら，まだまだ、ケイの真意は伝えられていない向きがあり、今後の研究課題となっている。

〔モンテッソーリ〕

二十世紀は「児童の世紀」にふさわしく子どもに関する研究が盛んになってきた。医学や心理学、社会学、その他の諸科学が教育現象に注目し始めたのである。イタリアのモンテッソーリ（M. Montessori 1870～1952）は、こうした新しい波に乗って登場した教育者であると言えるかも知れない。

彼女は、大学で工科（建築学）を選んだが、卒業の頃、生物科学に興味を持ち始め、周囲の反対を押し切ってローマ大学医学部に進み、イタリア初の女性医学博士となった。ベルリンで開催の国際婦人会議（一八九六年）には、イタリア代表団の一員として出席、視野を広める一方、精神障害者の保護施設を訪問、新たな発見をなす。

「精神的な欠陥というものは、医学的な問題というよりはむしろ教育的問題である。」

イタール（J.M. Itard 1774～1838）やセガン（O.E. Séguin 1812～1880）の業績が彼女の研究に新しい示唆を与え、生涯の針路を定めたのだという。一八九七～九八年、聴講生として教育学コースに出席、教育理論に関する主要文献を渉猟する。ルソー、ペスタロッチ、フレーベルのほか、ペレーラ（Pereira 1715～1780）、さらに人類学等にも興味を示している。

彼女は「理論を立てるよりも、まず個人を観察することから始めよ」という認識を持って研究を進めた。一八九八年、国立医療—教育施設のため「発達遅滞の子どもの教育のための全国連盟」が組織され、一九〇〇年、ローマに教師養成所を開設、そこの責任者となって活躍する。

「私の最初の教育学における一歩、まさしく真正の第一歩だった」というモンテッソーリは、この頃、セガンが開発していた教具をもとに独自の教具を案出し、指導法に工夫をこらした。そこで、彼女は、もし同じ方法を一般的に用いたら、どのような結果になるだろうかと考え始める。国立上級女子師範学校の衛生学と人類学の講師などを続けながら、彼女は、ローマ大学に再入学、「より良い社会を創造するためには、普通児をどのように教育すべきか」という問題意識を持って哲学の勉強に励むのである。

モンテッソーリ独自の教育活動として注目されるのは「子どもの家」(Casa dei bambini) である。一九〇七年、ローマで、三~七歳の貧しい子どもたちを収容して展開するわけだが、子どもを観察し続けながら理論を構築する。主著『子どもの発見』(*The Discovery of the Child* 1913) の中で描かれている子どもの理想像(子どもへの期待)は、そうした実践の中から出てきた原理であった。①熱中できる能力、②人格の尊厳を分かる感覚、③独立心、④内発的動機づけ、⑤秩序を好む心、⑥繰り返しを楽しむこと、⑦一人で仕事ができること、⑧自律心、⑨選択の自由への希求、⑩報酬や懲罰をぬきにして仕事そのものに喜びを見い出し達成すること、⑪素直さ、⑫いわゆる「遊び」を越えた「仕事」を好むこと、⑬学ぶことを愛する心、がそれである。

「子どもの、生きいきとした、ダイナミックな構成的エネルギーは、数千年にわたって知られないまま残されてきました。それは、精神的宝の鉱脈にあたるもので、ちょうどこの大地を踏んだ最初の人びとが、その深部に隠されていた巨大な富に気づかなかったのと同じなのです。人類は、子どもの精神的世界の中に埋められている富に気づくどころか、最初から、これらのエネルギーを抑圧し続けてき、粉ごなにしているのです。いまや、二、三の人びとが、これまで開発されずに捨ておかれてきた、金よりも尊い宝――人間の精神そのものの存在に、初めて気づくようになってきました。」

「教育とは、教師が与えるものではないということを、科学的観察が確証しています。すなわち、教育とは、人間個々人が自発的になしとげる自然的過程であり、ことばを聞くからではなくて、環境を体験することから学ぶものなのです。教師の仕事は、文化的活動をうながす一連の動機を準備し、特別に準備された環境のひろがりを用意し、出すぎた干渉をさし控えることにあります。人間である教師ができることは、ちょうど召使いが主人を助けるように、取り組まれている偉大な仕事を援助することだけです。そのように行動すれば、人間の精神の展開を目のあたりに見るでしょうし、……新しい人間の出現を目撃することでしょう。」

モンテッソーリ自身のこうした表現は、「子どもの家」を舞台に、子どもからの教育理論だと言えよう。子どもは、絶えざる大人の無意識の抑圧に悲鳴をあげ、「ボクひとりでやるから、じゃましないで」と叫び続けているのだと言う。子どもにとって、活動は自己目的であり、且つ報奨である。このことを充分配慮しながら、特別に創案された教具と環境で実践しようとするのであった。

彼女の教育法は三つの基本原理に基づいていた。第一は、現実社会の複雑なカオス的生活から切り離された子どものための特別な教育環境を組織することである。第二は、教師の在り方にかかわるもので、子どもの諸活動を忍耐強く見守り、必要な援助のみを行うことである。第三は、諸感覚を鋭敏にする科学的教材が準備されることであり、子どもはそれによって自己活動を展開し、自己点検による修正もできるのである。

子どもの特性は「吸収する心」にあるという。その心のゆえに、個性的創造的活動に基づく感覚的な諸経験を吸収同化し、まるで芸術作品のように自らを個性的につくりあげていくのだという。

モンテッソーリは「感覚的敏感期」という表現を用いた。子どもは、それぞれに特有の敏感期を経過し、その時期特有の精神集中をさせるため種々の工夫をこらす必要がある、という認識の下で教育法を考案した。いわゆるモンテッソーリ・メソッドであり、新しい時代を創る教育方法として、世界各地に影響を与えていくのである。

第三節　デューイとマカレンコ

〔デューイ〕

二十世紀のアメリカ社会を一言で言うならば、「豊かな物質文明の社会に基盤をおいた人間の可能性への楽天的な信仰」である。デューイ（J. Dewey 1859～1952）は、同時代の学問や実践に多大の影響を与えた哲学者であった。とりわけ教育の分野においては、彼の実験的方法が従来の学校観を変革させる。

著書『学校と社会』によれば、当時、アメリカの学校は教科書の丸暗記が主流であったらしい。デューイは次のように主張する。

「いまやわれわれの教育に到来しつつある変革は、重力の中心の移動である。それはコペルニクスによって天体の中心が地球から太陽に移されたときと同様の変革であり革命である。このたびは子どもが太陽となり，その周囲を教育の諸々のいとなみが回転する。子どもが中心であり、この中心のまわりに諸々のいとなみが組織される。」

「児童中心主義」の教育観は人間改造の哲学でもあった。デューイは、児童の成長・発達の条件として「興味」「自己活動」「遊び」「作業」等を挙げた上で、「衝動」「習慣」「知性」「経験」と言った概念を用いながら理論を展開している。以下、その構造に注目しよう。

デューイは、教育を生の連続発展、人間の成長の不断の過程として捉えた。児童は教育の中心であり、出発点であり、目標である。通常、児童のことを未成熟者と言うが、彼の場合、これから伸びる力、可能性、積極的な能力、成長する力として児童を眺めている。

興味は、自然に与えられているエネルギーである。児童にとって、それは自己表現活動の一形式であり、ある活動の方向性を創り出す力である。本能的で潜在的な衝動から成り、コミュニケーションや芸術的活動もその表現と言える。児童の自己活動は、単に内的なものに限らず、実験したり学習したりする機会のすべてに適用される。自己表現の自由、自己活動の保障は重要な意味を持つのである。

次に、遊びとは、興味や自己活動と連携した活動であり、子どもの成長、発達に重要な意味を持つ。子どもにとって、遊びとは自己の興味や心理やイメージを具体的に表現するものである。それは、知的側面において大人の仕事と共通する。

したがって、遊びと密接に関連しているのが作業である。子どもは、色々な材料を用いて、手、足、身体機能、感覚器官等のすべてを用いて、観察し思考し実験を行うのである。遊びよりも、もっと慎重な注意や知識を働かすことが必要となる。「なすことによって学ぶ（Learning by Doing）」のである。子どもの能力は、一連の作業をとおして高められていくと言う。

ここで、デューイのことばを引用しよう。

「教育とは、内部からの潜在的な力の開発であるという考えとも、また、……外部からの形成作用だという考えとも著しい対照をなして、成長の理想は、結局、教育とは経験を絶え間なく再組織ないし改革することである、という考えに帰着する。……経験のどの段階でも、その段階において実際に学びとられたものこそが、その経験の価値を成すのだという意味で、また、生活することがこのようにして生活過程そのものの中に認知しうる意味をますます豊かにしていくのに貢献するようにすることが、あらゆる時期における生活の主要な仕事なのだという意味で、――幼児期も青年期も成人の生活もみな同様の教育適齢段階にあるのである。」

フレーベルの理論を尊重しながら、それに哲学的、心理学的意味づけをした教育学者がデューイであると言われる所以である。

さらに、デューイが「衝動」と呼んでいる人間のエネルギーに注目してみよう。これは何らかの形式において働き、適応の状態をもたらすわけだが、このような形式は生得的なものではなく、生後、社会の中で学びとるのである。彼は、このような行動形式を「習慣」と呼んだ。個人は、いわば習慣の集まりである。環境が安定し変化がない限り、習慣は衝動を方向づけ、流す水路としての機能を果たすことができる。

では、環境が変化するときどうなるのか、個人はそのままでは適応できず、習慣をつくり直す必要が生ずる。この過程で働く思考が「知性」である。教育がめざすのは、この知性を育てることであり、学習者自身の諸経験がその際重視される。つまり、知性がいき詰まった習慣をつくりかえてくれるからである。「経験の再組織」とは、こうした理論の中から登場する。

デューイは、人間をすべて平等なものと考えていた。「民主主義と教育」の核心にある平等観に多くの人々が注目した。彼は、人間の歴史の中で生じた階級的、身分的差別を廃棄しようと努力した。教育は、平等な人間がその知性を最大限に発揮するのを助長する、社会進歩のための機能だと言うのである。

子どもたちに様々な経験をさせるための環境を整えるために、デューイは「学校」に三つの側面から期待をかけた。すなわち、①単純化された社会、②理想化された社会、③均衡のとれた社会である。これらは学校の職分と言うべきであろう。

〔マカレンコ〕

最後に、マルクス主義の世界から見た児童観について、マカレンコ（A.S. Makarenko 1880～1939）を手がかりに考察してみよう。

マカレンコは、ウクライナの鉄道工場労働者の家庭で生まれた。一九〇五年、教師として勤めたクリューコフ鉄道学校が革命運動の一拠点であったことから、彼は先進的な教師や労働者と共にこの運動に参加する。一九一四年、彼はポルタワ高等師範に入学した。そして卒業の年がロシア革命の一九一七年となる。革命後大量に発生した浮浪児や法違反者（未成年）らを収容する施設（労働コロニヤ）の教育主任となったのが一九二〇年。彼は、親兄弟に見捨てられ、心の荒んだ少年たちをソビエト社会の市民につくりあげるため努力している。代表作『教育詩』はその施設での八年間にわたる教育経験の記録である。一九二七年から、ジェルジンスキー記念児童労働コムーナの組織に参加し、主任となった。『塔の上の旗』は、そこでの生産労働と集団教育とを統合した社会主義教育の実践記録であった。

マカレンコの児童観はマルクス主義による全面発達理論に基礎を置いている。彼は、子どもに要求を出すことから集団づくりを始めているが、その際、児童集団の発展段階を三つに分けている。①教師が組織者として児童集団の前に断固とした要求を持って立ち現れる段階、②教師の要求を支持すると共に、自分たちの要求をも出す積極分子（アクチーフ）が形成される段階、③集団が教師に代わって要求を出す段階、である。教育の理想的形式は「集団における、集団を通しての、集団のための教育」、いわゆる集団主義の教育であった。

集団主義は、個人主義に対立するが、全体主義と同じではない。集団を個人の自由に対立させるのではなく、集団こそが個人の自由を保障するという立場である。

「われわれの規律の論理は、規律が個々の人格を、個々の人間をより良く庇護された、より自由な状態におく、ということを主張する。規律が自由だというこの逆説的な命題が、われわれのところでは、子どもたち自身によって容易に理解されたし、実際の場面でも子どもたちはこの逆説を思い出し、そのたびにそれが正しいという確証を得た。」

マカレンコは、このように表現して、子どもの主体性や自主性を尊重する近代教育思想を生かす理論をつくりあげた。集団主義教育は、集団への働きかけを重要視するが、それは個人を無視するのではなく、個々の人間に最も良く働きかけ得る道として、逆に、集団の持つ教育力を利用するわけである。形式の上では集団をのみ相手にして個人を相手にしないやり方だが、本質的にはまさに個人に対する働きかけである。彼は、これを「平行的教育作用」と呼んだ。個人主義を止揚・発展させる論理であると言えよう。

「人間に対するできる限り大きな要求と、人間に対するできる限り大きな尊敬」を統一的に把握しようとする考え方――尊敬するからこそ要求する、という彼の教育原則は多くの人が認めるところとなった。自由と規律とを対立的に捉えるのではない。子どもの自発性と教師の指導性も同様であって、これらを統一的に捉え直す質的に新しい教育理論として高く評価されたのである。人間形成の極意は労働と教育の統一の中にある、と言いたいのであろう。

マカレンコは、『愛と規律の家庭教育』において、権威・しつけ・遊びや玩具などについての考えをまとめている。本当の権威は深い人間的洞察と理解から生ずるものであり、おさえつけや形式的なものを排除する。遊びは、児童の発達、社会性の形成、将来の展望から積極的な指導と援助を求めている、と言う。おもちゃを考える場合、経済性、生産性、構成性等の視点があるが、粘土・紙・木・砂などの素材をどう生かすか、きりぬき絵や積木など「半完成品」としてのおもちゃをどう配慮するかなど、具体的に論じている。

マカレンコの教育理論は、学校教育だけでなく、校外教育活動や家庭教育においても必要な原理とされた。十歳から十五歳までの子どもの自主的な教育組織とされるピオネールの指導にはコムソモール（青年共産同盟員）や学校教師が当たっている。新国家ソビエトの建設にあたり、彼の理論は重要な役割を果たしたのである。

むすび

以上、われわれは、近代教育の理論形成に寄与した教育家を選び、彼らの生涯と思想を紹介してきた。ルソー、ペスタロッチ、フレーベル、エレン・ケイ、モンテッソーリ、デューイ、マカレンコ、いずれも西洋人であるが、通観してみると、二十世紀の教育理論がどのようなプロセスの中で築かれたか、大体の想像がつく。

十八〜十九世紀の西洋は、産業革命（一七六〇年ごろ）、アメリカ独立戦争（一七七五年）、フランス革命（一七八九年）などが起こった後、南北戦争（一八六一〜六五年）、ドイツ帝国建設（一八七一年）、独仏伊三国同盟（一八八二年）と続いていくが、教育思想家・実践家も、この間に数多く輩出されるのである。先述の七名のほかにも、例えば、コンドルセ（M. de Condorcet 1743〜94）やルペルチェ（L.M. Lepeletier 1760〜93）、カント（I. Kant 1724〜1804）やヘルバルト（J.F. Herbart 1776〜1841）、また、ウシンスキー（K.D. Ushinskij 1824〜70）やトルストイ（L.N. Tolstoi 1828〜1910）、ホレース・マン（Horace Mann 1796〜1859）やスペンサー（H. Spencer 1820〜1903）、さらに、ナイティンゲール（F. Nightingale 1820〜1910）等々、枚挙に暇がない。

こうした一連の教育者群像の中で、先述の七人は「児童中心主義」の流れを築いた人たちだと言うことができよう。西洋近代教育思想史を概観するためには、時代をさらに遡って、ルネッサンス（文芸復興）、宗教改革、啓蒙主義等に代表される十五〜十七世紀まで視界に入れたいところだが、十八〜十九世紀の考察をもって近代教育の基礎理論を一応吟味したことにする。

第二章　日本の近代化と教育

はじめに

古今東西の教育思想を研究する中で、二十一世紀の哲学を創出していく、これこそが教育学に課せられた現代的課題であろう。本章においては、日本近代教育史を繙きながら、西洋の先進文化を摂取するプロセスについて概観していく。とりわけ、公教育制度の確立と展望を念頭に置きつつ、国家と教育、新教育運動（児童中心主義）、戦争と平和、と言った永遠のテーマを日本人が如何に考察してきたのかを具体的に論じてみることとする。

第一節　近代公教育への地均し

明治維新直前の日本は、儒学（漢学）を中心思想にしながらも、国学（皇学・和学）・洋学（蘭学）等の抬頭著しく、明治二年六月、昌平坂学問所跡に大学校を発足させた折には、皇学を漢土、西洋の学問が補佐する形で内容を整えようとした。つまり、王政復古にふさわしい大学づくりが始まろうとしていた経緯がある。明治維新の起点と終点をどこに置くか、という問題は古くて新しい。換言すれば、幕末維新期ほど興味深い時期はないのである。

さて、寛政異学の禁令以後、全国各地で藩校が増設され、これに平行して寺子屋の急増現象がある。各藩の文武奨励策の一つに学科の多様化が見られるが、蘭学研究もその一現象であった。ペリー来航（一八五三）の前後から「殖産富強」が叫ばれ、実用の学が要求されるようになる。商業資本の発展は、支配階級の学問独占に対する庶民的自己主張を促し、例えば石門心学一派の運動、広瀬淡窓の「咸宜園」等は士庶の差別を無くしていく方向で進行した。こうした動きに寺子屋の普及を加えて、来たるべき近代公教育制度化への地均しができつつあったと言えよう。

幕末期の高等教育に話を戻すならば、幕府としては来たるべき開港に備えて西洋諸国に関する研究機関を設置する。その最有力が蕃書調所であろう。ペリー来航後、それまでの天文方・蛮書和解御用を改組拡充して、江戸は九段坂下に安政二（一八五五）年洋学所を開設、翌年蕃書調所と改称したのであった。頭取は古賀謹一郎、教授に箕作阮甫・杉田成卿らがいる。蘭学（オランダ）を主軸にしたが、程なく英学（イギリス、アメリカ）、仏学（フランス）、独学（ドイツ）と拡大するにつれ名称も洋書調所からさらに開成所と改めた。翻訳に従事したり、幕府の外交折衝に関与したりすると共に、授業にも力を入れるようになって、幕臣のみならず諸藩士の子弟も入学させた。発足から十余年、新政府誕生後は大学南校→東京開成学校→東京大学と引継がれていくわけで、蕃書調所が果たした歴史的役割は、同時進行の種痘所→西洋医学所→大学東校→東京医学校→東京大学の系統と共に、西洋学の摂取上はかり知れないものがあった。

私立の洋学塾をあげるならば、江戸における芝蘭堂（大槻玄沢）、慶応義塾（福沢諭吉）、攻玉社（近藤真琴）、長崎は鳴滝塾（シーボルト）、大坂《ママ》は適塾（緒方洪庵）と言った具合であるが、幕府や諸藩での洋学研究機関を加え、それらの学校で学んだ者がやがて海外へも出かけ、西洋の新しい知識や技術を吸収してくるわけである。

幕府の奉行判決では流罪とされたのに、井伊大老が死罪と書き更めたため「首の座」に就いた吉田松陰の場合も、佐久間象山の影響でペリーの船に近づいて捕えられたことが死刑の遠因になっている。この事例は、幕末の若者がいかに西洋文化に強い関心を持ち、積極的に吸収・理解しようと努力したかという姿を表現している。

時代の変革期には常に異文化への興味や関心が原動力となっている。『蘭学事始め』は医学の世界と言えるが、幕末の洋学研究には、国防という至上命令も潜伏していたことを忘れてはならない。

第二節　学制と『学問のすすめ』

アジアの近代化は「西洋化」と置き換えることができる。すでに述べたごとく、世界史の舞台に引き出された日本としては、西洋諸国に範を求めつつ強大な国家づくりを表看板に邁進せざるを得なかったようである。

近代公教育の起点とみられる「学制」に注目してみよう。一八七一（明治四）年の廃藩置県により成立した中央教育行政機関たる文部省は、全国の教育事務を「総判」した上で近代学校制度を創設した。翌年制定の「学制」である。それによると、全国を八大学区に分け、各大学区に三二中学区、各中学区に二一〇小学区を置き、合計で五万三七六〇の小学校を設置する計画であった。当時の総人口が約三千万人、これを五万校で割ると六百人の村に一小学校という計算になる。「学事奨励に関する被仰出書」いわゆる学制序文の一節には「自今以後、一般の人民（華士族農工商及婦女子）必ず邑に不学の戸なく、家に不学の人なからしめん」と記されている。国民皆学主義、受益者負担主義、実学主義等々の特色を有する「学制」には、西洋の先進的な考え方が盛り込まれていた。因みに、起草委員長格の箕作麟祥の経歴を辿るならば、蘭学者である祖父阮甫に育てられ、中浜万次郎に英語を学び、蕃書調所・開成所の教官となり、フランス万国博覧会に赴くにあたって仏語を学習した（後年、法政大学の前身・和仏法律学校の校長を勤めたことも付記しておこう）。学制頒布当時の箕作麟祥は僅か二六歳である。封建武士団に代わる新進気鋭の洋学者たちに活躍の場が与えられつつあった証左と言えよう。

維新期の開明的啓蒙的リーダーの筆頭に位置するのが福沢諭吉（一八三五〜一九〇一）であったことは言うまでもない。彼は中津藩出身、緒方洪庵に蘭学を学び、藩命により江戸に洋学塾を開くが、万延〜慶応年間に三回、幕府遣外使節の随員として欧米諸国を視察した。この外遊体験が彼を世界的視野に立つ人物に育てたと言える。慶応四年、慶応義塾を創設、『学問のすすめ』

『文明論之概略』を初めとする啓蒙書を続々と出版、在野の思想家として官尊民卑の風潮とたたかった。

「天は人の上に人を造らず人の下に人を造らずと云へり」に始まる『学問のすすめ』全十七編（明治五〜九年刊）、これは空前のベストセラーとなったのである。

福沢は、国家の独立や繁栄を文明の進歩と説く。人間のすべてのことは文明開化を目的としており、人の智（インテレクト）と徳（モラル）を形成する教育に期待をかけている。自主・自由――分限・職分――独立・平等――国家・文明――と言った流れの中で、「人間普通日用に近き実学」の効用を説いているのである。「凡そ人の子たる者は誰れ彼れの差別なく、必ず教育の門に入らざるを得ず、如何なる才子達人にても、人に学ばずして自ら得たる例あることを聞かず。教育は全国一般に普くすべきものなり。」という表現で、彼は教育機会の平等化を促進しようと説く。また、西洋と東洋（日本）とを比較して、東洋に欠けているのは「有形において数理学、無形において独立心」であると指摘し、実学の要を説くのである。実学は「其勉強中に得たる知識見聞を実地に施して独立の生計を為し、心身の安きを得て人生の目的を達せんと欲するもの」であるから、封建教学は批判・排斥さるべきものということになる。迷信打破の合理精神こそが彼の本領であった。福沢の『学問のすすめ』は、こうした実用性、効用性を基本原理にして展開されている。

「学制」制定にあたり、決定的影響を与えたのが福沢の公教育思想であった。「文部省は竹橋に在り、文部卿は三田に在り」と言われる程に、「学制」には『学問のすすめ』で説かれている精神が反映している。福沢の論法は「一身独立して一国独立す」であり、一身一国を富ますことと国家の富強とは不可分に結び付いていた。彼は「自国の権義を伸ばし、自国の民を富まし、自国の智徳を脩め、自国の名誉を燿かさんとして勉強する者を、報国の民と称し、其心を名づけて報徳心という」と論じているわけで、国権論的ナショナリズムを基底にしている。この点は、在野の思想家と言われながら、後に、官民調和を唱え、国権伸長論を全面に押し出していく背景になるわけだが、明治初年の啓蒙期において自由、平等・独立の立場から国民皆学の原理を推進させた福沢諭吉には、高い評価が与えられて然るべきだろう。

明治十年代は、西南の役を介在し、教育政策の面でも、数次にわたる教育令の改正等でめまぐるしい展開となった。そして、国家主義が強化されていくのである。

第三節　国家主義教育の功罪

明治新政府の高邁な理念と雄大な構想のもと皆学を意図した「学制」であったが、皆兵（徴兵令）・皆納（地租改正）の追い討ちを受けた国民にとって、学校は期待に反する存在となってしまった。明治十二（一八七九）年の教育令（「自由教育令」）は、アメリカ流の地方分権的教育行政の採用と就学条件の緩和を柱としたものである。作成に当たったのは岩倉遣外使節の理事官・田中不二麻呂（一八四五〜一九〇九）である。彼は二度に亘る訪米で、自由教育や地方分権の良さに気づいたのだろう。森有礼（後述）との縁により来日したモルレー（D. Murray 1830～1905）の協力を得て、各地の実情に応じた「自由教育令」を制定している。

しかるに、国民皆学をめざして改善されるはずの教育令だったが、制定後教育の衰退現象が指摘されたため、早くも翌年には「改正教育令」と通称される干渉主義の制度にとって代わられたのである。丁度この頃、伊藤博文を中心とする開明派と、元田永孚を旗頭とする保守派の間で徳育論争が火花を散らしていた。伊藤の見解は、欧米の文物導入（洋学主義）は正当であり、儒教主義では国家百年の大計に支障をきたす、というものであったが、「教学聖旨」に始まる儒教の復活を意図する保守勢力の巻き返しは強く、自由教育令は結局短命に終わった。なお、改正教育令では「修身」が教科配列の筆頭に置かれたことも注目される。

維新の三傑と言われた西郷隆盛・木戸孝允・大久保利通らが相次いで他界し、政治の実権争いは伊藤博文と大隈重信の確執となって展開する。明治十四年の改変は、大隈放逐のクーデターだと言われる。その結果として、薩長藩閥政府のもと、ドイツ型立憲政体の樹立に向かって時代は動き出すのであり、その中心に伊藤が立つということになる。

伊藤と森の出会い、それはパリでなされている。明治十五年、憲法取調べのため渡欧中の伊藤と、特命全権公使として滞英中の森は、日本の外から日本の将来を論じ合ったのである。政治的秩序を確立し、経済的・社会的な諸活動を進展させ、先進国に伍してゆける国際的地位を確保するためには、「国設教育」（ナショナルエジュケーション）が必要である。そのためには中央教育行政の強化を図らねばならない、と森は言う。

薩摩藩が生んだ逸材・森有礼の経歴をここで辿ってみよう。彼は弘化四（一八四七）年に生まれ、造士館、開成所（藩の海軍諸学科教授機関）に学び、その間に薩英戦争を経験した。慶応元（一八六五）年、選ばれて薩摩藩英国留学生となり、鹿児島から直接世界に飛び出したのである。イギリスではロンドン大学に学んだが、六七年にはアメリカに渡り宗教家ハリスの共同農場で生活した。留学体験は彼に武士的精神とキリスト教的精神の結び付きを与えた。同時に、国家主義意識を養い、立憲主義にも関心を持った。明治元年帰国後、官位に着いたが、廃刀論が物議をかもして辞職、鹿児島に帰って来る。しかし、すぐに呼び戻され、外交官として渡米、さらに清国に赴き、イギリス公使となるのである。その間、帰国中は、明六社（日本初の学会）、商法講習所（のちの一橋大学）を設けるなど啓蒙官僚として縦横に活躍した。

さて、明治十八（一八八五）年、内閣制度が発足した際、森は伊藤の懇請を受けて初代文部大臣に就任する。当時日本の政治課題は不平等条約を撤廃し、立憲君主制を確立して国際社会における地位を向上させることにあった。そのために、森は国家を最優先する。彼の演説を一部紹介してみよう。

「諸学校ヲ通シ、学政上ニ於テハ、生徒其人ノ為ニスルニ非スシテ、国家ノ為ニスルコトヲ始終記憶セサルヘカラス」

「日本男児タランモノハ、我日本ガ是迄三等ノ地位ニ在レハ二等ニ進メ、二等ニ在レハ一等ノ地位ニ進メ、遂ニハ万国ニ冠タランコトヲ勉メサルヘカラス」

「顧フニ人間日々ノ事柄ハ、皆戦争ナラザルハナシ。即チ外国ニ関シタル工商業上ノ戦争、又智識上ノ戦争、又今日我々ガ身ヲ立テ志ヲ定メ、我日本国ヲシテ善良ノ国タラシメントスルガ如キ、是皆戦争ニアラザルハナシ」

森は、学校別に教育法令を制定した。帝国大学令、師範学校令、中学校令、小学校令がそれである。彼は徹底した国家主義者となった。次の言がそのことをよく物語っている。

「教育トハ、教師等ノ薫陶ニ由リテ、善良ナル臣民ニ成長セシムルノ謂ナリ。……教育ノ主義ハ専ラ人物ヲ養成スルニアリ。人物トハ何ゾヤ。帝国ニ必要ナル善良ノ臣民ヲ云フ。其善良ノ臣民トハ何ゾヤ。帝国臣民ノ義務ヲ充分ニ尽スモノヲ云フ。」

彼は、臣民養成の立場から師範教育を重視した。「生徒ヲシテ順良信愛威重ノ気質ヲ備ヘシムルコト」とし、のちに師範タイプと呼ばれる教員養成への道筋を作ったことになる。師範学校はもとより、小学校や中学校にも兵式体操等を採用したので、一種の軍隊主義教育を推進したと評されている点に注意したい。

帝国大学を大学院と分科大学に分けているが、法・医・文・理の他に工科を置いた点は、工部大学校という背景があるとは言え、画期的な判断であった。のちに農科も加えることになるが、帝国大学は諸学の集結による百科全書的色彩を帯びてくる。しかも、森は、その性格づけにあたり、次のように規定した。

「帝国大学ハ国家ノ須要ニ応スル学術技芸ヲ教授シ及其蘊奥ヲ攻究スルヲ以テ目的トス」

総称「学校令」により、学校の近代的組織化が図られたわけだが、それは戦前のわが国学校制度の在り方を決定するものであった。極言すれば、小学校は臣民育成の大衆教育の場、尋常中学校や師範学校は中産階層の教育の場、高等中学校と帝国大学は社会上流の教育の場、という具合に、学歴を社会階層に適合させる形である。国際社会における日本の地位向上のためには、エリート養成に力を注がねばならない、という認識であったろうと思われるが、森の教育政策は戦前日本に多大の影響を与えたことは確かである。地方制度もヒエラルヒッシュに組織されていく。

一八九〇（明治二十三）年秋、「教育ニ関スル勅語」が発布された。教育勅語は三段に分けられる。第一段は、天皇制国体観念と結び付けて教育の根本理念を説いている。第二段では、儒教道徳と近代的社会道徳（立憲主義）を結び付け、それを国体維持に収斂させる。第三段では、臣民の道の普遍的妥当性について論じた。この名文は、第二代文相となる井上毅と復古主義者・元田永孚（共に熊本県出身者）の合作とされている。

文部省は、開明派と復古派の協力の結果としての勅語の謄本を全国の諸学校に配布し、天皇のご真影と共に、それらの奉戴方と趣旨の徹底を指示した。臣民の絶対随順すべき国家道徳の基準として公教育推進上、特別の権威を持つ存在になったのである。

大日本帝国憲法、教育勅語、学校令の実施等により、国家主義教育体制は確立したわけだが、学問・思想・信仰の自由は無制限に干渉を受ける可能性を持ったことも歪めない。内村鑑三の「不敬事件」は、教育と宗教の衝突として深刻な影響を与えたと思われる。

小学校令は、その後度々改正されるが、義務就学の成果を見るようになった。それは、資本主義の発達を支える技術者・労働者の確保につながり、国民の多様な教育要求を吸収しながら、中等・高等教育を充実させた。中学校令、高等女学校令、実業学校令、高等学校令、専門学校令等々の公布を足場にして、学校化社会は具体化していく。国定教科書制度の成立、良妻賢母主義の固定等がそれである。

第四節　大正デモクラシーと新教育運動

日清・日露戦争を経て、国際社会における日本の地位は向上したと言われる。さらに第一次世界大戦がもたらした影響には見るべきものがあった。その最大級の成果は「大正デモクラシー」である。

明治期の自由民権運動の再来とも言われる「民本主義」、それは、政治、社会、哲学、文学、芸術そして教育の各領域における革新運動となって展開された。児童中心主義を看板とする新教育運動、別の名を大正自由教育とも呼ばれているが、欧米のヒューマニズムに多くを学びながら、日本独自の表現をしていた。本節においては、八大教育主張を素材に、この時期の歴史的意味を考えてみよう。

一九二一（大正十）年は、新教育運動の歴史において画期的な意味を有している。すなわち、国外ではフランスのカレーを舞台に、国際新教育連盟が最初の世界新教育会議を開催している。

主宰者はイギリスのエンソア女史（Beatrice Ensor 1885〜1975）である。そして国内では、同年、大日本学術協会主催の八大教育主張講習会（正式名称は教育学術研究大会）が、東京高等師範学校講堂において華々しく開催されている。全国各地から参集した約二〇〇〇名（申込者は三〇〇〇人以上）に対して、八月一日から八日までの連続八日間、夜六時から十一時頃まで講演した。講師と演題は次のとおりである。

1	及川平治	動的教育論	
2	稲毛詛風	創造教育論	
3	樋口長市	自学教育論	
4	手塚岸衛	自由教育論	
5	片上　伸	文芸教育論	
6	千葉命吉	一切衝動皆満足論	
7	河野清丸	自動教育論	
8	小原国芳	全人教育論	

大会で講義された内容を要約してみよう。

及川は、従来の静的教育に対して、児童本位の動的教育を主張、真の学習は子どもが自力で題材を構成することにある、とした。

稲毛は、「人生のどこを切っても、創造の血が流れていなければならぬ」と説き、教育は結局「価値の創造」にある、という。

樋口は、子どもには学習本能があることを強調し、「自学」こそ教育の根本だとする。

手塚は、従来の因習的欠陥として「画一、束縛、盲従、教材中心」をとりあげ、自我の創造を重視した。

片山は、文芸に着目し、「文芸は人間生活に対する、寛大な余すところなき細やかな包容力と、自ら伸び、自ら癒す、生命の力に対する信頼の念とを養う」ことを訴えている。

千葉は、「教育とは児童をして問題に恋せしむること」だとし、児童への激励や援助の大切さを強調した。

河野は、教育を「自己の人格を発展せしめること」と捉えている。

そして、最終日、小原は、真善美聖健富の各価値を連携させた「全人教育」を提唱、個性の尊重、人格の調和的発達、教育の真実性・中庸性に留意するよう説いたのである。

以上の教育論は、八人それぞれにニュアンスの違いこそあれ、従来の「国定」教育を批判し、子どもの自由や個性を尊重する立場から「児童中心主義」という新教育の内実を創出しようと努力したところに共通点があったと言えよう。

教育改革の諸潮流を一か所に集め、デモクラテイックな動向を前進させたこの大会記録『八大教育主張』は、翌年一月出版後三か月の間に八版を重ねた、と言われている。そこでの理論が、その後、期待どおりの成果を得たとは必ずしも言えないが、わが国の教育者たちも、世界の動きに遅れることなく、的確な理論を展開していた史実に注目しなければならない。

同じ大正十年頃、自由画教育を提唱し、芸術の方面から子どもの解放をめざした山本鼎の芸術教育運動も評価に値する。彼は、教科書の絵を模写する臨画主義を批判し、子どもの自由な発想による「自由画」の意義を主張したのである。

これより先、芦田恵《え》之助『綴り方教授』が出版されていることにも着目しておきたい。彼は、常套語と紋切型の文体の使用を強制していた作文教育に対し、子どもの個性に応じて、自由な思考で自由に表現させる新しい方法「自由作文」を奨励したのであった。のちの生活綴方教育運動とは趣きをやや異にするが、明治の画一的教育に投じた波紋の大きさでは共通するものがあった。鈴木三重吉の雑誌『赤い鳥』の創刊（一九一八年）も文学史上不滅の光彩を放っている。それまでの教訓的色彩が濃い文部省唱歌やおとぎ噺を避けて、子どもの喜怒哀楽をストレートに表現してゆく芸術性の高い作品が、ここを足場に登場している。

大正自由教育の実験学校というべきものを列挙するならば、沢柳政太郎（小原国芳）の成城小学校、赤井米吉の明星学園、羽仁もと子の自由学園、西村伊作の文化学院、野口援太郎の児童の村小学校と言った私立学校の他に、千葉師範学校附属小学校（手塚岸衛）、明石女子師範学校附属小学校（及川平治）、奈良女子高等師範学校附属小学校（木下竹次）等々がある。

この時期は、外国の教育思想・方法が積極的に紹介されている点でも注目に値する。エレン・ケイやデューイ、モンテッソーリをはじめ、ケルシェンスタイナーの労作教育理論もそれである。パーカーストのドルトン・プラン、キルパトリックのプロジェクト・メソッド、ウオッシュバーンのウィネトカ・プラン等々も日本でもてはやされていた。それらは、一八八七年東京帝国大学に招職されたハウスクネヒトによるヘルバルト派の教授理論とは一線を画す思想であり、実践であった。

子どもの興味・関心・要求・意欲等に着目し、その自主性・主体性を尊重し、自己活動を大切にする、これらの教育実践――その草分けは樋口勘次郎の『統合主義新教授法』（一八九九年）に求められるという――がもたらした大正自由教育、それは、近代日本の学校教育に対する痛烈な批判にほかならなかった。

世界史的に考察するならば、第一次世界大戦で学びとった平和の尊さとその維持を図るための教育運動と言えるかも知れない。残念ながら、わが国は、その後、聖戦の名のもとに不幸な世界戦争の時代へ突入してしまった。

第五節　アジアへの理解と平和教育

近代化即西洋化を意識しながら「脱亜入欧」のラインを歩いていた戦前日本であるが、領土利権の拡大を図る政財界の動きの中で、世界の平和へ向け、教育本来の人類愛を求めていた人たちの群像が見られる。本節では松本亀次郎（一八六六～一九四五）に光をあててみよう。

日清戦争後、日本へ留学する中国人が増えてきた。西洋文明の摂取にいち早く成功した日本から直接間接に学ぼうというわけである。アジアの盟友として、こうした国際交流は喜ぶべき現象と言わねばならない。東京高等師範学校々長・嘉納治五郎が創設した宏文学院は彼等留学生に日本語を教える学校であった。

明治三十六（一九〇三）年、松本亀次郎は国語学者としてその宏文学院で教鞭をとることになった。彼は静岡県出身、佐賀師範学校在職中に編集した『佐賀県方言事典』が上田萬年博士らから高い評価を受けることになり、上京の機会を与えられたのである。宏文学院では、のちに中国文学界の星となる魯迅らを教える中で、日本語教育の極意を学んだ。松本の著書『言文対照・漢訳日本文典』は、そのため好評を博している。さらに明治四十一年、彼は日本人教習として京師法政学堂（北京大学の前身）に招聘され、中国本土に身を置きながら、日中両民族の友好共存に寄与することとなる。そして、辛亥革命後、帰国した松本がなした事業が「日華同人共立東亜高等予備学校」の創設であった。

郷党仲間はもとより、師範時代、宏文学院時代、京師法政学堂時代にそれぞれ交流した同僚・先輩・知人・教え子たちに支えられ、日本語教育を中心とする留学生予備教育機関としては全国でも屈指の学校が見事に誕生したのである。ちなみに、大正八年現在の「在東京公私立学校在籍者」二三八六人中、同校の登録者数は約半数をかぞえる。留学生にかくも人気のあった原因は何なのか。それは校名の上に「日華同人共立」を入れている松本精神への共感・共鳴の結果ではなかっただろうか、と考える。

松本は言う。「留学生教育は、何等の求める所も無く、為にする事も無く、至純の精神を以て……大自然的醇化教育を施し、……日華親善は、求めずして得られる副産物であらねばならぬ……」と。

又、言う「日華両国は唇歯輔車の関係に在り、共存共栄は天命的に相互の国是であらねばならぬ……国民相互が達観的に斯様な理解があれば、両国の親善は永劫に大盤石で、随って留学生の動揺も容易に起こらぬ筈である。」

松本の言動をかくも高い国際感覚で包み込ませたのは、彼が中国人留学生教育に本気で取り組んでいたからであろうと推察される。若き日の周恩来も、東亜高等予備学校に学び松本から親切な指導を受けている（中国天津の周恩来紀念館には、周と松本とを描いた油絵が飾られている）。

そもそも、アジアの近代は、日本の登場により光と影を映した。朝鮮併合や日中戦争は影の部分である。松本の国際感覚は、こうしてみると、東天に輝く一条の光であった、と言えそうである。

第六節　戦後日本の推移と教育

一九四五（昭和二十）年八月十五日、日本はついに無条件降伏をした。明治維新から数えて七十七年、日本の近代化とは一体何だったのか、根本から考え直すべき事態を迎えたのである。占領軍進駐、食糧難、財閥解体、農地改革等予期せぬ出来事が続行する中で、教育の方策にも改革が施された。

教育勅語を否定し、新しい教育理念を法律として宣言したのが「教育基本法」である。一九四七年の三月に公布されている。前文の一節「われらは、個人の尊厳を重んじ、真理と平和を希求する人間の育成を期するとともに、普遍的にしてしかも個性ゆたかな文化の創造をめざす教育を普及徹底しなければならない」という文が、同法の基本方針であった。主権在民、恒久平和主義、基本的人権の保障を唱えた日本国憲法の意を体して、民主主義の教育原則とも言うべき教育の機会均等や男女共学、政治や宗教上の中立などが明確に規定された。特に、教育行政は、教育の目的を遂行するために必要な条件整備を任務とすべきである、という見解に立っていることを看過ごしてはならない。

アメリカ教育使節団の勧告もあり、また、日本側委員の要望も呼応して、新学制は六・三・三・四の単線型でスタートした。義務教育年限は九年となり、中等教育諸機関は新制高等学校として統一された。これは、「すべての人に中等教育を」という世界的動向に一致するが、旧制度の良さを必ずしも引継いでいない恨みがある。青空教室や仮設校舎等も多かったが、明治初期と同様に、全国各地域で学校の再興へ向け必死の努力がなされたことは、国民性の発露と言うべきであろう。

そんな中で発表されたのが「児童憲章」である。「児童に対する正しい観念を確立し、すべての児童の幸福をはかるために」定められたこの憲章は、新日本の教育目標となった。

児童は、人として尊ばれる。
児童は、社会の一員として重んぜられる。
児童は、よい環境のなかで育てられる。

従来の子ども観は、子どもを親の私有物とみなし、また、国家のために滅私奉公させることを是としていた。これに対し、児童憲章は、すべての子どもは「心身ともに健やかにうまれ、育てられ、その生活を保障される」権利があると明記された。養育・社会保障・教育・職業指導等を受ける権利、遊び場や文化財等の環境を与えられると共に、虐待・酷使・放任等から守られる。障害児の場合はなおさらそうである。要するに「すべての児童は、愛とまことによって結ばれ、よい国民として人類の平和と文化に貢献するように、みちびかれる」とした。

一九五一年五月五日（子どもの日）制定の頃は、生活のために少年労働者が街頭に溢れ、人身売買もあり、栄養失調、寄生虫、結核等々の悪条件が充満していた頃である。占領下の日本が、民主化と復興の指針とすべく、世界に先がけて児童の権利を宣言したことは、高く評価されるべきであろう。ちなみに、国際連盟で採択された「ジュネーブ児童権利宣言」は一九二四年であるが、「国連児童権利宣言」は一九五九年であり、三十年後の一九八九年「児童の権利条約」として採択されたのである。

戦後五十余年、日本の現代社会は、平和で、安全で、豊かである。社会的文化的に均衡と調和のとれた状況にある。しかし、子どもの少数化・少子化が進行する中で、いじめや登校拒否、非行と言った不幸な現実が続いているのである。子どもは強いストレスに見舞われている、という。子どもの人権は果たして守られているのか、子どもは人間的に、周りの環境に支えられながら、生きているか。人びとは「愛」や「勇気」や「責任」を感じているだろうか。

子どもや青年たちにやる気を起こさせるにはどうしたら良いのか、学校制度に欠陥はないのか、教師たちは社会をどのように捉え、未来への夢を語り合っているのだろうか。「児童憲章」を原点に、今こそ、教育者たる者は過去と現在と未来をつなぐ掛け橋にならねばならない、と考えてしまう。

戦後教育改革について、ここで詳述する余裕はないが、大学の在り方を最後に吟味しておきたい。新制大学は、戦前に存在した様々なタイプの高等教育機関を一本化したものである。旧制高校や大学予科の良さを一般教育として残し、学部学科ごとに専門教育を重視した。自分の専門以外のことに広く関心を持たせるのがねらいであった。同時に、一つの学問分野での限界を自覚したとき、その境界線上に他の学問分野が意識されるよう、相互補完の影響を及ぼし合う場としての大学教育が意図されたのである。学問体系を見透しながら、職業のための学問を自主的に開拓することを期待されていた。

このようなプラス志向の人間を育てるためには、大学以前の教育環境が大事な条件となる。教育者に課せられた使命は実に大きなものがある。謙虚な自己反省、恵まれぬ者への理解と友情、生命への畏敬、地球環境保全への貢献等々を基軸にしながら、子どもたち、青年たちと共に考え、共に歩み、新時代を切り拓いていく人間を一人でも多く生み出せるよう、学校も、地域も、家庭も、自己点検、自己改善を進めるべきである。二十一世紀への平和哲学は、そうした努力の渦中から自生するものでありたい。

教員養成に関わっている大学等は数多い。「児童憲章」が子ども像の理念を示してくれた如く、戦後学制改革の諸相が、教育観・学校観を変化させ、学問が本来背負うべき社会的奉仕を示してくれたのである。

二十一世紀は、いのちを輝かす教育に向かって、新しい「知」のもとに一歩一歩、勇気ある実践に取り組みたいものである。

〈参考文献〉

国立教育研究所編『日本近代教育百年史』（全十巻）一九七四年。
小原国芳編『日本新教育百年史』（全八巻）玉川大学出版部、一九七二年。

第三章　教育とは何か
――教育について明晰に考えるために――

第一節　教育の比喩

よく分からないことを説明しようとするとき、われわれはしばしば比喩を用いる。比喩はあるものをそれとよく似ている別のものに譬える表現法である。例えば、「議論」の性質については、「君の議論には土台がない」とか「その議論はぐらついている」と表現されることがある。議論も建物のように土台を持ち、ぐらついて倒れることもある。どちらも基礎や土台があり、堅固さが問題とされる。このような点を明らかにすることで、「議論」の一面が理解されていく。また、「彼は議論のあらゆる弱点を攻撃する」、「この戦法では負けてしまう」と言うように、戦争で用いられる用語で「議論」が語られることがある。議論には勝ち敗けがあり、議論の相手は敵とみなされ、相手を攻撃するために戦略を立てる。このような点を追求することで、今度は「議論」の別の面が理解される。このように、「議論」という抽象的な概念を理解する場合、われわれは「議論」を建物に譬えたり、戦争に譬えたりしてその性質を理解しようとする。

われわれは抽象的な概念の多くを比喩によって把握している。比喩によってある事柄を他の事柄をとおして理解することは、それらの事柄に対するわれわれの扱い方を決定する。教育も様々な「他のものとしてみる」ことによって、そのようなものとして理解され、扱われてきた。そこで、教育を理解するために、まず、過去において教育はどのようなものとして理解されてきたのかを明らかにし、そのような見方の問題点を考えてみる。

造形の比喩

教育について考えるのに、最初に大きな影響を及ぼした比喩は、子どもの教育を造形の過程によって理解しようとするものである。

造形家が作品をつくるとき、まず造りたいものの明確なイメージを描き、それに合わせて素材を選び、その素材を自分のイメージに合うように加工する。造形家は自分が何を作ろうとしているのかを知っていなければならない。素材が最終的にどのような形に仕上がるのかは造形家が描くイメージによって決定される。素材は自分に与えられるイメージや形成される過程を選ぶことも拒絶することもない。すべては造形家の手によって決められる。しかも、できあがった形は終始そのままであり、変わることはない。

造形の比喩では、教育はこの造形の過程と同じであるとみなされる。教師は造形家であり、子どもは素材である。教師は子どもをどのような人間に形成するのかのイメージを描き、そのイメージに合わせて子どもに働きかけ、形成していく。目標は子どもの外から、子どもに対して要求される。どのような人間になるのかを子どもは決めることはできない。子どもは大人の決めた目標にしたがって形成されるのを待つだけである。子どもは教師に耳を傾け、知識を受け取り、教師の模範をまね、見習うという受動的な役割を果たすだけである。

造形の比喩が言うように、教育に「つくる」という側面があることはまちがいない。教育技術が問題にされるのはそのためである。人間の行動や態度は一定の範囲内で計画的につくり出すことができる。子どもは自然に成長して大人になるわけではなく、大人からの働きかけを通じて形成されなければならない。だが、教師は自分の目標どおりに子どもをつくり変えることができるわけではない。子どもは造形の素材のように、すべて同じであるわけでも完全に可塑的であるわけでもない。教師の計画は子どもによって拒絶されることもあり、したがって、教師は子どもの特性に応じて働きかけねばならない。また、教師の立てた目標は終始変わらぬままでいるとは限らない。子どもの特性に注意をはらう中で、修正されることもある。教師の立てた目標やそのために用いる方法は、道徳的に容認できるものであるのかどうか、実践的に有効なものであるのかどうかが検討されなければならない。さらに、造形家が作り上げた作品は変わることはないけれども、子どもは教師の手を離れた後でもたえず変容していくものである。

こうしてみると、造形の比喩は教育の一面を言い当てているけれども、すべての面で適切であるとは言えず、教育の適切な理解に導くものではない。

成長の比喩

教育の思想に大きな影響を及ぼし、現在でも支配的なのは成長の比喩である。「子どもの潜在能力を伸ばす」「子どもの個性にあった教育」「自己実現としての教育」と言った教育の思想と教育の実践は成長のモデルに基づいている。

成長の比喩は、教育を園芸家の仕事として理解しようとする。植物は適切な環境が与えられれば、内部から自然の法則にしたがってすくすくと成長していく。園芸家は成長の過程を世話する以上のことはできない。園芸家は水をやり、養分を与えて、植物の成長を促進したり、水や養分を控えて成長を遅らせたり、成長の過程を何らかの方向に向けたりすることがあっても、植物の成長の過程に介入することはできない。しかも、園芸家は植物が成長していく上で絶対必要なものというわけではなく、彼らがいなくなっても植物は成長し続ける。

植物と同じように、子どもはその内部から自分の固有の法則にしたがって自己自身のうちに設定された目標に向かって発達する。子どもは植物が成長するように成熟に向けて「成長」し、または発達する。子どもは自分の力で成長していくのである。したがって、園芸家がその仕事にあたって植物の自然の発達を尊重して、もっぱらそのための世話を心がけるように、教師も子どもの自然の発達を尊重して、その持ち前を伸ばすことを心がけなければならない。どのような人間になるのかは子どもの中にあるのであり、まずそれを大切にすることが重要である。子どもは自分の力で成長していくのである。教育はこの力を尊重し、何の障害もなく成長が続けられるように、成長を妨げる障害を取り除き、成長を促進するような条件を整えることである。

このように、成長の比喩は、子どもをある構想にしたがってある形に作り上げるのではなく、まず子どもの発達についてよく検討し、その上で間接的に子どもの発達を助けるように働きかけるという、控え目な、教師の役割の概念を具体的に表現している。

教育を成長として見ることは次の点で適切である。まず、成長の比喩は、植物が死ぬまで成長を続けるように、教育には終わりはなく、人間の生涯にわたって続けられるということを示している。造形は、作品ができあがれば、終わる。しかし、教育では、学習は学習者が死ぬまで休みなく続くのである。これで教育は終わりだと言うような到達点は教育にはない。次に、教育はなにか他の目的のために行われるのではなく、それ自体において価値があるということを表現している。さらに、植物をむりやり開花させようとすることが植物に害を与えるように、子どもの知的発達をむりやり引き起こそうとするのは子どもにとって有害であるということである。

成長の比喩は以上のような教育の重要な側面を理解するのに役立つ。しかし、この比喩がすべての面について適切であるわけではない。園芸として教育を見ることには次のような問題点がある。

①成長の比喩では、子どもに何をすべきかの答えは子どもの本性の中にある。親や教師は子どもたちの潜在能力を見つけ、それを発達させればよいのであって、価値判断は回避できると考える。しかし、子どもは様々な潜在能力を持っており、それらのすべてを実現できるわけではない。

また、潜在能力の中には、実現すべきでないものもある。それゆえ、どのような能力を伸ばすべきであり、どのような方向に向けるべきかの判断が必要である。教育においては、このような価値判断をさけることはできない。

②成長の比喩では、子どもは成長を妨げられなければ、前もって定められた筋道どおりに成熟していくと考えられている。だが、野生児の例が示すように、子どもは発達段階のある時期に人間の社会から切り離されてしまったら、普通の人間が歩くように歩くこともできなければ、言葉を使うこともできなくなる。教育を成長と捉える見解は、子どもの発達に及ぼす様々な働きかけの影響を無視している。さらに、この見解は人間の本性を善なるものと見なしており、利己心のようなものが人間の本性にあると見ない。その意味で、成長の比喩は一面的な人間観に基づいていると言ってよい。

③成長の比喩が言うように、生まれつきの本性があるとしても、そのことがそれらの本性を伸ばす理由になるだろうか。例えば、人間が利己心を持っているとしたら、われわれは教育によって利己心を発達させなければならないのだろうか。そうではないだろう。子どもの本性が分かれば、そこから自動的にどのように働きかけるべきかが分かるというわけではない。何かが真であるということから、何をするべきかを導き出すことはできない。「子どもたちは遊ぶことが好きである」から「子どもたちは遊びによって教えられるべきである」という結論を導き出すことはできない。このような結論を導き出すためには、「子どもは彼らが好きな方法で教えられるべきである」という前提がなければならない。教育における成長の比喩は、このように「自然主義的

誤謬」をおかす傾向がある。

このように、成長の比喩は教育の一面を適切に指摘しているけれども、教育の概念を明らかにするのに十分ではない。最後に、この成長の比喩をある意味で拡張している有機体の比喩を見てみよう。

有機体の比喩

有機体の比喩は、成長の比喩と重なる部分があるが、教育を植物の成長として理解するのではなく、有機体の生命の存続として理解する。

生物有機体はたえず古い細胞と新しい細胞が入れ替わる新陳代謝を続けながら、一定の秩序を保ち、生命を維持している。文化も同じである。文化の細胞は個々の成員であり、個々の成員が次々と変わっても文化の生命は維持される。生物有機体の生命は死をもって終わるが、文化の生命は古い成員から新しい成員に文化の内容を伝えることによって維持される。教育とは、このように古い成員が新しい成員に文化の内容を伝達することによって文化の生命をたえず更新していくことである。このように、有機体の比喩は、生物有機体における更新過程との対比で文化伝達の過程を考え、この文化の伝達過程を教育と捉える。

すべての文化は新しい成員をその規範にしたがって行動させることにより自己を更新する。文化を更新し、連続させるという役割を教育が担うことはまちがいない。また、この有機体の比喩は、社会を健全に保つためにも教育が必要なものであることを示唆している。
しかし、有機体の比喩で教育を理解することは次の点で不適切である。

まず、生物有機体の更新として文化の更新を捉え、教育を理解する有機体の比喩では、更新することそれ自体が重要であり、更新の仕方は問われない。言い換えれば、文化の内容を構成している行動規範や信念に焦点があてられ、その内容を伝達する方法は重視されないのである。しかし、新しい成員に文化を伝達する方法は多様にあり、それらすべてがすべて正当であるとは限らない。有機体の比喩では、文化の存続に役立つのであれば、強制、条件付け、薬物、宣伝、教え込みなどの方法も一様に認められることになる。言い換えれば、有機体の比喩では、文化の伝達に関わる道徳的問題が無視されるのである。有機体の比喩にはこうした限界がある。

次に、有機体の比喩は、成長の比喩と同じように、自然主義的誤謬に導きやすいことである。この比喩では、現存の文化はそれが現に存在しているという理由で、伝達されるべきだとみなされる。例えば、コンピュータが社会において広く使われているから、子どもたちにコンピュータが使えるようにするべきであると言われる場合がそれである。しかし、子どもがコンピュータを使えるようにならなければならないとしても、コンピュータが現在広く使われているという理由でコンピュータを使えるようにするべきだという結論を導き出すことはできない。そのためには、別の価値判断が必要である。

このように、有機体の比喩は教育の一面を適切に表現しているとしても、いくつかの点で欠点があり、教育を適切に理解するのに十分ではない。

ある事柄を別の事柄を通じて理解しようとする比喩は、その事柄についてある一面を際立たせてその他の部分を切り捨て、それによってわれわれの理解を助けてくれる。教育の比喩も教育全体の一面を理解するのに役立つ。それらは教育の実践を考察するのに有用な方法を提供するし、またそれぞれの比喩は別の比喩が軽視したり、無視するような人間の本性の諸側面に注意を引くことに役立つ。したがって、それぞれの比喩が提供する教育についての見方を可能な限り全体的に見て、整合的に体系づけることが大切である。

以下では、以上のことを考慮に入れながら、教育という言葉の使い方に着目して、教育の理解へのアプローチを試みる。

第二節 「教育」の多義性

教育はあらゆる社会で行われている人間の営みの一つである。それゆえ、教育とそれに関連する多くの事柄は誰もがよく知っており、誰もがそれについて語ることができる事柄である。しかし、「教育とは何か」とあらためて問われると、誰もが即座に答えることができないのも事実であろう。だが、この問いに適切に答えることができなければ、家庭、学校、社会で、教育の名において子どもに対して行われている様々な働きかけが適切であるのかどうかを判断することはできないであろう。ここでは、そのような判断をするのに必要な教育の概念を「教育」ということばの使い方に注目することによって考えてみることにする。

「教育」ということばは様々な意味で使われるが、大ざっぱに次の三つの使い方を区別することができるだろう。

まず、「教育」ということばは「社会化」と同じ意味で用いられることがある。どのような社会であれ、その社会の一員として生活していくために身につけなければならない知識、技能、価値観、生活習慣などがある。このような事柄を学習していなければ、社会生活を円滑に営むことはできない。社会化とは、これらの事柄を身につけ、社会の一員になることである。「教育」ということばは、このような社会の成員として持つべき知識や技能や態度を習得させることを意味することがある。この場合、子どもを社会化することが教育することである。

次に、「教育」ということばはしばしば「学校教育」と同じ意味で用いられることがある。「教育」ということばを聞けば、多くの人は学校を連想し、そこで行われている様々な活動を思い浮かべる。日常会話で、「何年教育を受けたか」とは「何年学校に行ったか」という意味である。このように、日常語では、学校で行われていることをすべて教育と呼ぶのが一般的である。

しかし、「教育」ということばは社会化を意味するのでも学校教育を意味するのでもなく、もっと狭く、もっと深い意味で使われることがある。社会化は基本的に社会が要求し期待する行動や態度を個人が獲得することで終わる。しかし、教育という人間の営みは、子どもを特定の社会に適合させることで終わるものではないと言われることがある。また、社会化においては特定の社会に適応させるために必要であれば、どのような方法も正当化されるが、社会化のために用いられる方法について、それは教育的でないと言われる場合もある。さらに、学校は教育だけを行っているわけではなく、教育以外のことも行うし、教育に反することを行うこともあると言われることがある。このように、「教育」ということばは、社会化や学校教育と重なり合う部分もあるけれども、それらよりも狭く、深い意味で用いられることがある。社会化としての教育も学校教育も重要ではあるが、教育に関する議論の中心になるのは、この意味での教育である。それでは、この意味での教育とは正確には何を意味するのであろうか。

第三節　教育と学習

母親はその子どもに対して様々な働きかけを行う。例えば、母親は子どもを褒めたり、叱ったりする。家事を手伝わせる。勉強するように注意する。本を買い与え、読み聞かせをする。子どもの宿題を手伝う。兄弟喧嘩をやめさせる。子どもをなぐさめたり、励ましたりする。ところで、母親がこのような行為を行うとき、「母親はその子どもを教育する」と言われる。この場合の「教育する」とはどういうことであろうか。

子どもに家事を手伝わせたり、兄弟喧嘩をやめさせたりすることが「教育する」ことであると呼ばれるためには、母親の側に子どもをよくしようとする意図がなければならない。忙しいために手伝いを頼んだり、うるさいからという理由で、喧嘩をやめさせる場合には、「教育する」とは言わない。もちろん、この意図は必ずしも達成されるとはかぎらない。

しかし、それでも母親の行為が教育とみなされるためには、子どもをよくしようとする意図が不可欠である。「母親はその子どもを教育する」とは、母親が望ましいと考える状態へ子どもを変容させようとするということである。教育は、子どもの側に望ましい変容を起こそうとする意図を持った活動であり、このような変容が実際に子どもの側に生じた場合に、子どもは教育されたということができるのである。また、「教育」ということばには、「改善」ということばと同じように、望ましい状態への変容という意味がある。教育するとは望ましい状態を生じさせようとすることであり、教育されたとは望ましい状態に変容したということである。子どもが望ましくない方向へ変容した場合には教育されたということはできないのである。例えば、人は練習を積めば他人の財布をかすめとる技能を習得することはできるだろうが、スリの技能を望ましいとみなさない限り、スリの教育を受けたということはできない。

ただし、望ましい変容をもたらすすべての活動を「教育」ということはできない。アルコール中毒患者にアルコールを摂取すると非常に苦しい発作におそわれる薬品を注射する。その後、アルコールを一滴でも飲めば、患者はたちまち不快感を感じ、吐き気などをもよおすようになる。この治療を受けた結果、アルコール中毒を脱した患者は教育されたのであろうか。そうではない。この患者はただアルコールに嫌悪感をいだくように条件づけられたにすぎない。教育は、薬物の投与、大脳への電気刺激、外科手術などによって直接に望ましい状態に変容させようとするものではない。

また、身体を望ましい状態にしようとすることも教育ではない。病気の子どもを健康にすることは医療ではあっても教育ではない。これらの例は教育が心の状態を望ましい状態に変えることにかかわり、しかもそれが間接的に、すなわち学習を通じて行われることを示している。

「母親がその子どもを教育する」という場合、母親はその行為を通じて子どもが何かを学習するのを助けているのである。「野口英世の教育」と言えば、彼が何かを学習するのを助けたということである。教育は、このように個人が学習するのを助けることによって望ましい変容を生じさせようとする活動である。しかし、言うまでもなく、学習するのはあくまでも子ども自身である。子どもの側に学習が生じなければ、教育は成立しない。教育は子どもが学習することを前提として初めて成り立つものであり、学習が行われなければ、教育は成立しないのである。

しかし、子どもが何かを学習すれば、教育が行われたというわけでもない（すべての学習が教育であるというわけではない）。というのは、子どもはまったく価値のない事柄、望ましくない事柄を学習するかもしれないからである。例えば、唾を吐くことができ、片目片足で立つことができるように助成することは教育ではない。また、手の込んだいじめ方を子どもが学習するのを助けるのも教育ではない。教育すると言えるためには、望ましい学習が行われるように働きかけるのでなければならない。子どもはこのような学習の助成によって望ましい人格へと変容していくのである。教育とは、こうした子どもの学習を助成して望ましい方向に導いていこうとする活動である。

第四節　教育と理解

学習を助成することによって子どもの側に望ましい人格の変容を起こそうとするのが教育であるとすれば、何を学習するかを助けるのが教育であろうか。あるいは、教育されたとは、何を学習したことなのであろうか。

この問いに対しては、様々な答えがある。例えば、所属する社会の成員として生活するのに必要な知識、技能、行動様式を身につけた人が教育された人であると言われる場合がある。また、理論的知識を学習し、それによって世界を理解する人が教育された人であると言われることもある。あるいは、広く学問、芸術に精通した人が教育された人であるとも言われる。このように、何を学習するかを助成するのが教育であるかについては、いろいろな考え方がある。しかし、どのような人を教育された人と考えるにせよ、それらには共通する一つの特徴がある。それは教育された人は知識を学習した人であるということである。教育は知識の学習にかかわっている。教育された人はなによりも知識を学習した人である。学習する事柄は様々である。しかし、教育されたと言えるのは知識を学習した場合なのである。教育を受けたにも拘わらず何の知識も持たないという人をわれわれは想像することはできないであろう。

しかし、知識を学習したというだけでは、教育されたということはできない。知識とは、主語と述語を備えた言明である。知識は何らかの問題に対する答えであり、常に「〜は〜である」という言明として存在する。

例えば、「地球は丸い。」「惑星は9つである。」「三角形の内角の和は180度である。」「金属は熱せられると膨張する。」という言明は知識である。このような言明を学習することが知識を学習するということである。しかし、知識を学習したという場合には、それがどのような問題と関係しているのかを知らずに、また何の意味も分からずに丸暗記しているだけであるという場合もある。そのような場合でも、試験の答案に正解を書くことができる。

しかし、いろいろなことばや公式を意味も分からないまま頭に詰め込み、暗記しただけである場合には、知識を学習したとは言わないだろう。知識を学習したとは、単なる情報のストックを所有しているということではない。知識を学習したと言えるためには、その言明の意味を理解していなければならない。その言明の意味を理解するということは、それが自分の中のどのような経験と対応しているのかが分かるということである。それは自分の実際の経験と関連づけて説明できるということである。その言明を説明できるということは、その内容を自分のことばで、自分の経験に基づいて述べるということである。このように、知識を学習したと言えるためには、知った言明と現実の経験との結び付きが分かるのでなければならない。この結び付きが分からないとき、知識は学習されなかったのである。

また、知識を学習したということは、その知識について、「それは本当か」、「それはなぜか」という問いに適切に答えることができるということである。それがなぜ正しいのかを適切な証拠をあげて説明できない場合には、知識を学習したということはできない。

さらに、知識を学習したということは、必ずしもその知識が他の知識とどのような関係にあるのかを理解しているということではない。言明の意味は分かるけれども、それが自分の持っている他の言明とどのように関連しているのかが分からない場合があるからである。他の事実と関係づけることができないという場合がある。このようにそれが他の言明とどのように関連しているのかが分からないままに所有されている知識がいわゆる断片的な知識である。

しかし、このような断片的な知識を獲得することは理解するということではない。理解するということは、一つの知識を学習し、それが中心となって今まで関連づかなかったことが関連づき、今まで見えてこなかったことが見えてくる。しかも、その関連が次々と広がっていくことである。

例えば、社会科の授業で、「鎖国」について学習した子どもが、徳川幕府が鎖国をしたのは何年であり、その時の将軍が誰であり、貿易の相手国はどこであるかを知っているとしても、なぜ鎖国をしたのかが分からなければ、その子どもは鎖国についての断片的な知識を持っているだけであって、鎖国を理解したことにはならない。また、「キリスト教が入るのを防ぐためである」と言えても、なぜキリスト教が入るのを防ごうとしたのかが分からなければ、鎖国を理解したとは言えない。

さらに、「キリスト教の平等思想が身分制度にとって不都合である」と言えても、平等がどういうことであるのかが理解できなければ鎖国を深く理解したとは言えない。歴史的事実を理解するということは、当の事実を他の様々な事実と関連づけることである。それは一つひとつの事実を全体の内部に位置づけていくことである。しかも、新しく知られた事実の理解を深めるために必要であれば、全体を修正することをもあえて行うのである。このように様々な事実を一緒に把握することが理解することである。

こうして、知識を学習するとは、理解することであり、それは現実の経験と結び付くこと、物事の原因や理由を知ること、関連する世界が広がることである。それは、言い換えれば、これまでのものの見方、考え方、感じ方が変わり、生き方が変わるということである。

子どもはこれまで知らなかったことを知り、分からなかったことが分かることによって変わっていく。教育は、このように子どもが知識の学習と理解を通じて自ら変わっていくのを助成するものである。

第五節　教育と教え込み

知識を学習し、理解することによって、子どものものの見方、考え方が変わり、生き方が変わっていく。教育は子どもの認識に働きかけることによって、このような人格の変容を生じさせようとするものである。しかし、知識の学習の助成はつねに子どものものの見方、考え方を広げ、深めるとは限らない。逆に、子どもを一面的な理解に導き、しかもその理解を絶対に正しいものと思い込ませ、その結果子どもがどのようなことがあってもその理解を変えようとしないという場合がありうる。このような結果をもたらす働きかけは「教え込み」(「教化」「注入的教授」)と呼ばれている。それでは、どのような場合に教え込みが行われるのだろうか。

知識はわれわれが直面する問題を解決する一つの試みである。それは人間が考え出したものである以上、つねに誤りを含んでいる可能性がある。しかし、このような知識の可謬性を認めず、それがどのような問題を解決しようとするものであるのか、またどのような方法で得られたものであるのかということと切り離して、それを誤りなき真理であるとして子どもに教え、受け入れさせようとする場合がある。このとき、教え込みが行われる。教え込みは様々な仕方で行われる。それは教えるものの権威や強制や威嚇などによって行われるし、もっと巧妙な方法で行われることもある。

例えば、それを受け入れるのに都合のよい事実だけを選択して示し、不都合な事実は知らせなかったり、論争問題について一つの見方だけ示して、他にどのような見方があるのかを知らせなかったりする場合である。教え込みはたしかに知識を理解させようとするけれども、本来知識を受け入れさせることをめざしているのであって、知識そのものを検討する態度を促進するわけではない。教え込みにおいては、知識は批判的吟味の対象になることはあり得ない。批判的に吟味し検討することを許さないで教師の権威や事実の選択的提示、誘導的質問などによって教えられたら、それを信じて疑わなくなるであろう。その結果、何が本当であり、何が本当に価値があるのかをつねに求め続けようとすることはなくなるであろう。

これは明らかに教育とは根本的に相いれないものである。教育は本質的に認識と理解を広げ、深めようとするものである。教育する人は知識を与えるとき、それが証拠に基づいていることを同時に知らせる。また、その知識の正しさを証明する適切な方法を理解させようとする。さらに、その知識に対する反論を求める。なぜなら、教育する人は知識は最終的に真と確証されたものではなく、これまでのところその誤りが見い出されていないだけであって、これからそのあやまりが発見される可能性があることを知っているからである。それゆえ、たえず知識に誤りがないかどうかを吟味するように求める。このような仕方で教えられる子どもは、与えられた知識に関する様々な問いを吟味することによって、理解に基づく知識を持つようになり、特定のものの見方、考え方に固執することはない。

教育は子どもが認識し、理解することをとおして、自ら変容することをめざして行われるものである。理解は与えられた知識に対する様々な疑問の中で生まれるものである。それらの疑問をくぐり抜けた理解が子どもを変容させる。したがって、知識はそれがどのような問題を解決しようとして得られたものであり、またどのような方法で得られたものであるのかを示すとともに、それは問題の一つの解決の試みであり、したがってまちがっている可能性があり、つねに批判的に吟味する必要があることを子どもに理解させながら教えなければならない。教育は子どもの中に批判的・合理的精神を発達させながら、同時に知識を理解させようとするものである。教育するとは、知識を学習させ、理解させることであって、信じ込ませようとすることでは決してないのである。教育は子どもが知識を学習し理解することを通じて自ら変わっていくのを助けるものである。すべての教育は、認識させ、理解させるものである。認識させ、理解させることなしには、教育は不可能である。

第六節　教育と訓練

子どもは知識を学習し、理解することによって自ら変わっていく。このような子どもの変容を助けるのが教育である。しかし、子どもが学習するのは知識だけではない。子どもは排泄、食事、睡眠、清潔、身の回りの整理・整頓などの基本的生活習慣や行儀作法、道徳的態度や行動様式、読み書き計算の技能など知識以外にも様々なことを学習する。そして子どものこうした学習を助成することも広く教育と考えられている。しかし、これらの学習は重要な点で知識の学習とは異なっており、教育とは区別するのが適切である。そこで、このような行動の型や技能の学習がどのように行われるのかを考えることによって、それらの学習の助成と教育がどのように違うのか、またそれらの学習は教育とどのようにかかわるのかを明らかにする。

身体的技能の学習の例として、子どもはどのようにして自転車に乗れるようになるかを考えてみよう。自転車の乗り方の話を聞いても、自転車に乗れるようにはならないのは明らかである。自転車に乗ることができるためには、とにかく自分で自転車を運転しようとしなければならない。自分でサドルにまたがり、ハンドルを握り、体をまっすぐに伸ばし、実際にペダルを踏んで、前に動かそうとしなければならない。初めはうまくいかないが、この動作を繰り返すうちに次第にバランスがとれるようになり、自転車を運転できるようになる。このように自転車に乗るためには、とにかく、反復練習をするしかない。この際、なぜ自転車に乗れるのかの理解は必要ではない。それが分からなくても、とりあえず上手に自転車に乗ることができるようになる。もちろん、自転車に乗る練習をしながら、子どもは自然に「どうして乗れないのか」「どうやれば乗れるのか」を考え、何かが分かってくるということはあるだろう。しかし、それはなぜ自転車に乗れるのかの原理が深く分かったということではない。

また、排便、食事、睡眠、清潔などの基本的な生活習慣を学習する子どもは、自分が何をしているのか、なぜそれをするのかを理解することはできない。それでも、同じ行動を何度もくり返すことによってそれらの行動の型を身につけることができる。

このように、技能や行動の型は反復練習をすることによって学習されるのであり、それらの技能や行動の型を身につけるのに理解はそれほど必要ではない。技能や行動の型の学習においては、何かを理解することではなく、何かができるようになることが問題である。できるようになるのをめざすのであれば、理解を最小限にとどめておくこともできるのである。したがって、このような技能や行動の型の学習を助ける活動は、理解をその特徴とする教育と区別して訓練と呼ぶのが適切である。すなわち、訓練は一定の型の行動や技能を子どもの側の理解の有無に拘わらず単純な行動を反復させることによって習得させようとするものである。これに対して、教育は子どもに理解させようとするものである。

道徳の学習を例にして考えてみよう。われわれは子どもが幼いうちは、一定の行動の仕方を習慣づけようとする。例えば、うそをつかない、親切にする、約束を守ると言った態度や行動様式を身につけさせようとする。そのために、手本となる行動を示し、その行動を反復させ、できなければ叱り、できれば褒める。これが道徳の訓練である。しかし、子どもが成長するにつれて、なぜそのように行動するのがよいのかを問うようになる。そのとき、われわれはその理由を理解させようとする。これが道徳の教育である。道徳の訓練においては、子どもの側に理解が生じるかどうかは重要ではない。理解できてもできなくても、子どもが一定の行動ができればよいのである。これに対して、教育では、理由を理解することが重要である。そして、単に一定の行動ができるのではなく、その行動の理由を子どもの側に理解させようとするとき、訓練は教育に移るのである。

身体の訓練と身体の教育も同様に区別することができる。身体の教育とは身体をめぐる様々な問題を広く正確に認識させ、理解させようとすることである。これに対して、身体の訓練とは認識や理解によらずに、あるいは理解を最小限にとどめてある領域内に限られた身体的技能を身につけさせようとすることである。

ところで、行動の型や技能の学習を助成することは訓練であって教育ではないとしても、訓練が重要でないということではない。むしろ、物事を広く深く理解するためには基本的な生活習慣や様々な技能を学習していることが不可欠である。こうした学習が行われていなければ、知識の学習と理解は十分に行われない。認識と理解による学習者の望ましい変容を支援するためには、訓練が必要である。とは言え、訓練が重要なのはあくまでもそれが認識と理解を促進する限りにおいてであって、訓練それ自体が重要であるというのではない。訓練それ自体は目的ではなく、あくまでも教育が適切に行われるための準備を整えようとするものである。したがって、ただひたすらに行動の型と技能の訓練を行うのではなく、目的と一体になった訓練がなされねばならない。目的と切り離してそれを訓練することは有害でさえある。

第七節　教育と感情

これまで、教育は知識の学習を助けることによって、子どもの側に望ましい心の状態を引き起こそうとする活動であること、教え込みは教育に反するものであること、教育は訓練と区別されねばならないことを明らかにした。しかし、人間の生活にとって重要であると広く考えられている感情についてはふれなかった。それゆえ、教育を認識の問題として捉えるのでは不十分ではないか、感情の側面にも教育はかかわるのではないかという疑問が生じるかもしれない。そこで、感情の本質的特徴を明らかにし、それに基づいて感情を教育するとはどういうことかを考えることにする。

人が喜んだり、悲しんだり、怒ったりするとき、自分の中に特有の感じがあることを直接に知ることができる。この本人だけに感じられるもの（感情の実質）をわれわれは一般に、感情と呼んでいる。この特有の感じは、通常自然に表に現れる。（身体的表出）しかし、感情は本人だけに直接感じられるものと身体的表出だけで構成されているのではない。感情には、対象や状況の認識と評価が不可欠の要素としてかかわっている。

ある人が体をゆすり大きな声をあげて笑っているとき、われわれは彼が「喜んでいる」と言う。それでは、ある人が何の前後関係もなしにいきなり体をゆすり大きな声をあげて笑っているとしたらどうだろう。われわれは彼を「喜んでいる」と言うだろうか。そうは言わない。むしろ、「狂っている」と言うだろう。われわれは笑っている人を見たら、何かおかしいことがあるのだと考える。何がおかしいのかが分からなければ、彼に何がおかしいのかを聞くだろう。その時、彼が「何かがおかしいわけではない。ただおかしいのだ。」と言えば、言いたくない何かがあると想定しない限り、彼を「喜んでいる」とはみなさない。言い換えれば、人は何の脈絡もなくいきなり喜びを表すことはできないのである。彼を「喜んでいる」とみなすためには、快く満足な気分をもたらす対象や状況がなければならない。そうした対象や状況が分からなければ、彼の行動は狂人のそれになる。

感情はこのように本人しか感じることのできない実質とその自然な身体的表出と脈絡から成り立っている。しかし、感情は表出されなければならないわけではない。言動には表れなかったけれども、内心では悲しんでいたということはありうる。それゆえ、身体的表出は感情の不可欠の構成要素ではない。また、嫉妬のような感情にはそれ特有の実質はない。人が「嫉妬している」かどうかは彼の中にある感情の実質とはかかわりなく、彼の置かれた状況とその振る舞いによって知ることができる。したがって、すべての感情を構成する中核的要素は状況の認識と評価であり、これを欠けば感情は成立し得ない。

言い換えれば、われわれがある感情を持つのは、ある対象や状況を知るからである。対象や状況を知ることなしには、われわれはどんな感情を持つこともできないであろう。感情が相互に区別されるのも、対象や状況をどのように捉えるかによる。例えば、人が怒るのは、自分がだまされたと思い、邪魔をされたと思うからである。人が恐怖を感じるのは、危険であると思うからである。人が得意になるのは、自分がめざしていた目標を達成したと思うからである。人が後悔するのは、自分がまちがったことをしたと思うからである。このように様々な感情は対象や状況の捉え方によって区別されるのである。

なお、ここで留意しなければならないことがある。それは、ある感情をもたらす対象や状況が実在するかどうか、また状況の捉え方が適切であるかどうかは感情の成立にとって重要ではないということである。そのような対象や状況が実在しなくても、すなわち実在すると思ったのが錯覚や誤解であったとしても、また状況の捉え方が不適切であったとしても、感情は成立する。

感情の本質的構成要素が対象や状況の認識と評価であるとすれば、感情は教育することができる。しかし、感情を教育するとは、直接に子どもの感情に影響を及ぼそうとすることではない。例えば、薬物を用いて、子どもの怒りをしずめたり、喜びの感情を生じさせたりすることは可能である。しかし、それは感情を教育することではない。教育は子どもが理解することによって自ら変わっていくのを支援するものであるが、このような方法で感情に影響を及ぼすときには子どもの側になんらの理解も生じていないからである。それでは、感情を教育するとはどういうことか。

人はしばしば状況の事実をまちがって理解し、その結果不合理な感情を持つことがある。他人の悪意のない言動を誤解して、彼に怒りや憎しみを抱く場合などがその例である。このような不合理な感情に導かれて不合理な行動に走る場合がある。そのような場合には、不合理な感情は合理的な感情に変えられなければならない。

だが、感情には自らを否定し、修正する力はない。不合理な感情を否定し、修正するには、そのもとになっている事実の捉え方を修正する以外にないのである。状況の認識を変えないで、「怒るな」と言っても、怒りが消えるわけではないのである。怒りを消すためには、事実認識を改めるしかない。感情の教育とは、このように感情を適切に感じ、表出するように認識と理解を助けるものである。それは、感情が偏見や誤解ではなく、正しい認識と理解に基づくようにすることである。言い換えれば、

感情の教育とは、このような不合理な感情を合理的な感情に変えようとするものである。

もちろん、認識と理解に働きかければうまくいくとは限らない。感情のもとになっている認識の誤りを指摘し、修正すれば、いつでもその感情が消えるとは限らない。ミルクの嫌いな子どもにミルクは栄養があり体によいことを理解させれば、子どもはミルクを飲むのが好きになるわけではない。

しかし、状況を正しく理解していないために心配している子どもの場合には、その状況の理解を変えることで、心配を取り除いたり、やわらげたりすることができる。また、偏見によって引き起こされた感情を取り除くのにもこのような認識への働きかけは有効であろう。

人間にとって感情は重要である。だが、感情は認識し、理解することによって生じるものである。どのように認識し、理解するかとはかかわりなく、感情を引き起こすことだけをめざすのは教育ではない。対象や状況を広く正確に認識し、自分の認識に誤りはないだろうか、一面的な見方をしているのではないだろうかと吟味することに注意を向けるように指導しなければならない。それが感情を教育することである。状況の事実を広く正確に認識し、理解するように指導する以外に感情の教育はあり得ないのである。

第四章　教育関係論

いじめ、不登校、校内暴力などの諸問題が山積し、学校教育における教師と子どもとの人間関係が改善されるべきことが指摘されて久しいが、状況はさらに混迷を深めているように思われる。また同時に家庭や地域社会における教育力も低下して、子どもたちの「いのち」の働きが衰弱しつつある中で、今日ほど教師と子どもの教育的な人間関係、すなわち教育関係の本質を見据えて、子どもの「いのち」の働きを促し強めていく教師の教育実践が求められている時代はないと言えよう。

本章においては、子どもの「いのち」の働きを強め輝かせるような教育関係をいかに創造していくかという課題をめぐって考察していくことにする。

第一節　教育関係の構造

一　「教育」の作用と教師の役割

「教育」という作用は、生まれたばかりの人間を、社会の一員として有意義に生き自己の責任のもとに行動しうるような人格としての人間たらしめる作用であると言えようが、この「教育」という作用をさらに詳細に分析するとき、様々な側面に区分される。ここではフリットナー（W.Flitner）の『一般教育学』における指摘をふまえて整理しておきたい。[(1)]

フリットナーによれば、教育は、自然的・社会的・精神的・人格的という四つの人間存在の条件と深く関連しており、その作用・働きを正しく把握するためにはこの四つの視点から把握すべきであるという。彼は次のように分析している。

第一は、生物学的な考察から他の生物と比較することによって導かれる帰結であり、成長しつつある者の成熟と学習の援助としての教育の働きである。

第二は、歴史的・社会的な考察による帰結であり、成長していく個々人を、彼を受け入れる歴史的・客観的世界の形式や精神的内容すなわち先代の文化遺産に組み入れて、歴史的・文化的な組織を更新させていく教育の働きである。

　第三は、人間にとって本質的なものを人間の内面から把握しようとするような考察による帰結であり、芸術、法、社会的理念、科学、言語などに内包された価値の人間にとっての意味を問い、これらの価値に対する愛を呼び覚まし、精神を覚醒する教育の働きである。

　第四は、人格的な考察による帰結であり、「自己」や「人格」を確立せしめる「出会い」によって、被教育者の中に信頼、希望、愛の源泉を発掘する教育の働きである。

　このようなフリットナーの認識に従えば、以上の教育の作用・働きを担う教師の役割は、次のようなものになるだろう。

　第一は、未成熟者の成長・成熟の過程の援助者・助成者としての役割であり、第二は、歴史的形成物としての文化財を教育内容として選択して未成熟者に仲介し、彼らを文化財の新しい担い手たらしめていく役割、すなわち文化の選択者、仲介者としての役割である。そして第三は、人間の精神を高め豊かにする諸価値への愛を呼び覚ます、精神の覚醒者としての役割であり、最後は、被教育者との教育的な「出会い」をとおして彼らの中に信頼、希望、愛の泉を湧き上がらせる人格の覚醒者としての役割である。

二　教師と子どもの人間的関係

　このような教師の教育的な作用・働きかけは、子どもとの人間的な交わり・関わりをとおして実現されていくのであり、教育の実質は子どもとの人間関係によって決定されることをここでしっかりと確認しておく必要がある。

この点についてランゲフェルド（M.J.Langeveld）は、「教育における人間的関係」と題する講演の中で次のように述べている。「教師とは、子どもと人格的に深く交り、互いに心の中にまでわけ入り、内面的交渉を持続的に保ちながら子どもの人間的成長に参与してゆくことを、敢えて自らの専門職業として選び、そうした極めて特殊的な人と人との関わり合いを自らの人生の基礎としている人間を謂う」のであり、「子どもを教えるということは、けだし、単なる知識の伝達のみというような場合はほとんどありえないのであります。大抵の子どもは、認識的な課業に従事している場合でさえ、学力の点でも指導法の点でも自分が大いに信頼している人物から、心の支えや激励を与えられることを常に必要としているのであります。」(2)

このようなランゲフェルドの指摘は、まず第一に教育という営みが、教師から子どもへの一方的な働きかけではなく、教師と子どもとの相互のやりとりや人間的接触を通して成立していること、そして第二に教師は、自己に課せられた役割を果たしていくためにも、子どもとの関わりを積極的に求め子どもとの間の教育関係を充実したものにしていく必要があることを明示しているのである。

したがって教育関係の問題をより深く検討していく場合には、次の二つの視点から議論を進めていく必要があろう。すなわち、①教師と子どもとの相互的関係に着目した視点と、②教育主体としての教師に焦点をあて、教師の子どもへの態度や、子どもとの関わりの構えの在り方に着目した視点との二つである。筆者はここで、①の視点による議論を、ボルノー(O.F.Bollnow)の「教育的雰囲気」(die pädagogische Atmosphäre)をめぐる提起をふまえ、また②の視点についてはブーバー(M.Buber)の「包容」(Umfassung)の概念を検討しつつ考察を深化していくことにする。

ボルノーは、教師と子どもとの間に成立する「教育的雰囲気」の意義を、人間学的考察を深めることによって明らかにしている。(3) 彼はこの概念を「教師と児童との間に成立し、あらゆる個々の教育的なふるまいの背景をなす情感的な条件と人間的な態度の全体を意味する」と規定している。そして彼が分析しているこのような条件や態度は、「教育がなにほどかの成功をおさめるためには、それらが不可欠の前提として存在していなければならないもの」であることを指摘しているのである。

この「教育的雰囲気」は教師と子どもとの間の相互作用によって成立し、しかも両者の相互作用を包む一つの全体であるとしているが、彼はこの分析を子どもの側と教師との二つの視点から行っている。

まず子どもの側においては、子どもを取り巻く家族、とりわけ母親という特定の人間から「庇護されているという感情」を、子どもが抱くことが必要であることが指摘されたうえで、この子どもの生を支える感情を基底として生ずる、教師に対する「信頼」、「感謝」、「従順」、「愛」、「尊敬」などの感情や態度の特質と意義について論じられている。

一方これらの子どもの感情・態度に呼応する次のような教師の感情、態度、徳性の必要性が指摘されている。すなわち教師の子どもに対する「愛」、「信頼」、子どもの望ましい発達への「期待」や「希望」、子どもが期待に反してもこれに耐えていく「忍耐」などが教師に要請されていることをボルノーは提起しているのである。

このボルノーの「教育的雰囲気」論においては、教育を成功に導くための独特の気分や感情が教師と子どもとの両者を包み込む必要があることが指摘され、両者の感情の交流・対話的な相互関係の分析を基調として論が展開されている。すなわち、子どもに関わる教師の感情や態度の意義は言うまでもなく指摘されているが、この教師に対する子どもの内面性をボルノーは重視し、彼らの内面に切迫し彼らの感情状態への配慮を訴えているのである。

一方ブーバーは、教師と子どもの教育関係を「包容」という概念によって説明し、教育主体としての教師の役割を重視している。[4] もちろんブーバーも、「我―汝」(Ich-Du)の基本原理を基調とした教育論の中で、教師としての「我」が全人格を傾注して「汝」としての子どもと出会い、相手を自由な主体として認めるとき初めて両者が真の人格になるような対話的な教育関係の意義を明らかにしているが、同時に彼は教育関係を「包容」という概念によって把握し、これが教師のある意味で「一方的な」(einseitig)体験であることを指摘しているのである。

ブーバーによれば「包容」という体験は、「相手の完全な現前化であり、しかも幻想ではなく人間の本質の顕現化を伴ったもの」である。すなわちそれは、相手の立場になって自分の行為に対する相手の感情や反応を体験することであり、これによって自分自身の生の具体的状況が充足し、人間が参与している現実が明確に現れてくることをブーバーは述べているのである。したがって教師は子どもの側から自分自身を捉え、教師としての自己の行為が他者としての子どもにどのように作用するかということを感じとることが必要になるのであり、こうして初めて教師は自分に委任された子どもの生活領域に責任を持つ関係へと入ることができると言う。

そしてブーバーは、子どもは教育されることを経験することができるが、子どもは教師が教育することを経験するわけにはいかないこと、また教師は教え教えられるという共通の状況の両極に立っているが、子どもはただ一方の極に立っているにすぎないことを指摘している。すなわち子どもが自己を向こう側に投企し、向こう側から体験しうる瞬間においては、両者の関係は教育関係という枠を踏み越えていくことを提示しているのである。

このようなボルノーおよびブーバーの指摘からわれわれは、教師と子どもとの関係において相互的なやりとりが成立し、いわば教える活動の歯車と学ぶ活動の歯車が空回りすることなくかみ合うような状態に到達したときに教育という営みが成立すること、またその際教師はこの関係を創造していくうえで特に重要な役割を果たすべきことを理解することができるのである。

これまで教育思想、教育哲学の分野では、このような教育関係における相呼応する現実性を「出会い」という概念で把握してきた。ランゲフェルドはこの「出会い」について、次のように説明している。

『「出会う」ということは、われわれが他者を一個の人格として受け入れることであり、その人がわれわれの生に入り込むことを許すと同時に、われわれもまたその人の生に入り込むことが許されるような……相互に深い慎みを持ちながら、しかもそのような人格的関わり合いのできる一

個の人格として、他者に相対することを意味するのであります。」(5)

このような「出会い」を実現していく教師の教育実践の在り方、特に豊かな教育関係を実現していく教師の子どもへの関わり方をめぐって、考察をさらに深めていくことにしよう。

第二節　子ども観と教育

本節では、教師が関わる「子ども」という存在をどのように捉え、どのような存在として彼らと関わるときに前節で解明した教育関係を実現することができるのかという課題をめぐって検討していくことにする。

一　村井実の「性向善説」に学ぶもの

「子ども」という存在をどのように捉えるかという問題をめぐってこれまで様々な見解が提出されてきたが、村井実は子どもの「善くなろうとする」活動に着目して、子どもは本来善さに向かい善く生きようとしている存在であるとする「性向善説」を提出している。(6)

まず村井は、伝統的な三つの子ども観、すなわち人間は生まれついて「悪く」なろうとしていて、妬み憎み欲情に溺れるものだとする「性悪説」、子どもの本性は善でも悪でもなく、いわば

「白紙」のようなものであるとする「性白紙説」、そして子どもが生まれついて「善い」、あるいは子どもが「善さ」への可能性を持っているとする「性善説」について、それぞれ紹介しこれらの問題点を指摘したうえで、彼の「性向善説」を提示している。

この子ども観は、子どもを「善」でも「悪」でも「白紙」でもなく、生まれついて「善く」なろう、「善く」生きようとしていると捉えるものであり、子ども自身が「善さ」を探り身を持って作り出していこうとしていると捉える子ども観であるという。子どもたちは、「善く」生きようとしている彼らの姿を認められたときに初めて、彼らは存分にその持ち前を働かせ、活発にあらゆる方面に「善さ」を作り出していくことができるのである。このように子どもを認めるときに、大人や教師の「子どもたちを善くしようとする世話、または働きかけ」としての教育は、教育本来の機能を発揮することになる。村井は、次のように述べている。「こうして、大人の側と子どもの側とが、『善さ』をめぐって相呼応することができるのです。大人が一方的に子どもを作るのでもなく、子どもが勝手に成長するのでもなく、いわば力をあわせて、何が『善い』かを探りながら、それを確認したり、実現への方策を求めたりしていくことになるのです」[7]

このような村井の子ども観に対して、その理論的根拠をめぐって異論も提出されよう。しかし筆者は、子どもが本来「善さ」へ向かおうとしていることを純粋に信頼しようとする村井の子ども観を、「いのち」の働きを尊重し、それを育み輝かせようとする教育実践を根底から支える教育観であると考える。この教育観に立ってこそ、子どもの生きようとする生命力と学ぼうとする意欲を受けとめつつ、彼ら一人ひとりの学習と人間的成長を援助し支えることが可能になるのではないだろうか。

われわれは次の村井の言葉から、この点を確認することができる。

ある子は活発で、ある子は内気であるかもしれない。またある子は素直で、ある子は反抗的であるかもしれない。しかしどの子も、善くなろうとしているのであり、活発な子は善くなろうとする手がかりをつかんでいる子なのである。反面内気な子は、その手がかりを内心途方にくれたりしているかもしれない。また反抗的な子は、善くなろうとする手がかりを何度も拒否されてきたのかもしれない。教師は、こうした子どもたちを相手にして、子どもの欠点ではなく、小さくともその子の善くなろうとする姿、善さに目を向け子どもの善くなろうとする働きになんとかして出会うべきなのである。

このような子ども観・教育観に立つ限り、学習達成の速度や成績の優劣などによって子どもを一面的に評価することにはなりえず、教師はそれぞれの子どもの個別の状況や個性への配慮へ向けて努力を展開し、彼らとの「出会い」の機会を見逃すことはないであろう。

二　子どもの「いのち」への畏敬としての教育

以上のような子ども観に基づく教育実践は、子どもの成長しようとする「いのち」の力、その働きを全面的に受け入れ、これを大切なものとして守り援助していこうとする教師の思いに支えられることも見逃してはならない。

教育哲学者である林竹二は、『運命としての学校』の中で、「生命にたいする畏敬だけが教育を可能にする」ということを指摘した。彼は次のように述べている。「教育を可能にする根本の前提は、生命をもった個体である。それは自己の内に不断に成長する力をもっている。それが欠けているところでは、どんな教育の努力も実を結ぶことができない。」(8)

しかしこの幼い生命は、自己の必要とするものが何であるかを知らず、また知ってもそれを自ら確保する力を持たず、頼りない存在であり、彼らの成長に必要なものへの温かい周囲の配慮が不可欠である。彼らへの配慮を可能にするものが、彼らの生命への畏敬なのである。

林は、福島県立須賀川養護学校の安藤哲夫先生による勝弘君に対する実践を知るに至って、生命への畏敬としての教育活動の意味を確認し、教育の原点を探りあてたという。ここでしばらくこの実践をふりかえりつつ、林の提起を受けとめてみよう。

勝弘君は、須賀川養護学校に隣接する国立F病院併設の重度心身障害児(者)施設に収容されていた在院八年、当時九歳三か月の子で、両眼球形成不全症(一方の目には瞳孔がない)であるうえ、高度の難聴、それに重い脳性マヒで言語なく歩行不能という五重の重い障害を背負っていた。病院の人たちも、ただ生きているだけというような見方で彼を見ていたらしい。当時の勝弘君は、「さわれば折れそうに細い手足をもち、とても九歳とは思えないやせた身体を海老のように折りまげて、蒼白い顔にはまったく表情というものがなく、いつ見てもまったくおなじ格好をして、ひとつの物体がおいてあるように……うすぐらい病室のベッドのうえに横たわっている」(9)状態であったという。

安藤先生は、同じ人間であるのにこのままで一生を終わってしまっていいはずはない、同じ人間なんだから心がいつか通じないはずはないと考え、教育的な関わりを始めた。毎日必ず五分か十分訪ねて、勝弘君の手を握って自分のほほに当て、また自分の手を彼のほほにつけて、耳もとで「勝弘君、安藤先生だよ」と声をかけ続けた。二か月たっても何の反応もなかったが、一日も欠かさず続けているうちに、三か月目に「ほんとうに天使がほほ笑むような笑みを浮かべた」という。関わりを始めてから六年十一か月目には、激しくゆれるブランコに乗って、しっかりと綱をにぎって身体を保持する力を獲得していった。ブランコに乗ってから一か月後、勝弘君は小学部を卒業したのであった。

この安藤先生の実践から林は、次のような事実を学びとっている。もし教育という営みが、単に何かを教え込むことと考えられていたならば、安藤先生の勝弘君への教育的な関わりはあり得なかった。恐らく考えうる限り最も微弱な生命しか持っていない勝弘君の生命の力を安藤先生は信じて、この生命に徹底的に関わる中で、生命の活動を促した。そして勝弘君は自己の生命力をふりしぼり、自らの活動によって自分を変えていったのである。林はここに教育の原点があるという。

「教育というものは、教師の力で子どもを変えることじゃないんです。子どもの中には生命があって、生命というものはふだんに自分を成長させ、自分を変化させる力であるわけですね。そういう力が働く場所を用意することが教育なんですね。力づくで何とかかっこうをつけるというのは教育ではないんです。」(10)

さらに林は、安藤先生が勝弘君に関わる姿勢の中に、次のような重要な視点を見い出している。すなわち教師が自己の権力者性を否定して子どもと関わり、子どもを全面的に受け入れるときに、教師が子どもによって全面的に受け入れられるということである。このような教師の自己否定的な感情・態度とそこから生ずる子どもの生命への畏敬を根底から支えるものを、筆者はボルノーの次の提起の中に見い出したい[11]。

ボルノーはシュヴァイツァーの著作における発言の解釈と分析から、シュヴァイツァーの「生命への畏敬」という概念が、畏敬の念を起こさせるものを傷つけ、その後生じる恥ずかしさという感情によって初めて呼び覚まされ、傷つきやすく、やさしく弱い生命、また危険に脅かされた生命にたいする奉仕や援助へと向かうものであることを述べている。またこの概念が究極的には宗教的なものであり、人間があらゆる面で人間であり人間の本質を成就するためにわれわれはこの「畏敬」を獲得しなければならないことをボルノーは指摘している。あらゆる生命は人間にとって神聖なものであり、傷つきやすく神聖な生命を人間は維持し守護する責務がある。人間は他の生命をやむなく損なうという罪から逃れることはできず、機会があればつねにあらゆる生命に対して援助の手を差しのべる必要があるのである。ボルノーは、次のように述べている。

「人間は、機会があればつねに他人の悩みに関与し、援助の手を差しのべることによって、生きとし生けるものにたいする人間のつねに新たな罪を取り除くように努めなければならないのです。[12]」

これを教育関係の中で捉え直すならば、この「生命への畏敬」によって教師は子どもの存在およびその内面への畏敬をはらう感受性を獲得するのであり、自己否定の契機を得て自己に課せられた責務を自覚し、子どもの人間的成長に対する奉仕と援助へと促されていくのである。

第三節　教師に求められる態度

これまでの考察から、教師と子どもとの教育関係がいかなる構造を持ったものであり、教師は子どもをどのような存在として捉えどのような構えで関わるときに、教育活動は実り豊かなものとなるのかということが明らかになったと思われる。本節ではさらに考察を深め、教師に焦点を当てることによって、子どもとの「出会い」を実現し、子どもの「いのち」の働きに応えそれを育む教師の態度について検討していくことにする。

一　教育愛

前節で指摘した子ども観、すなわち子どもを「善く」なろうとする存在として認め、彼らの生命を畏敬しその働きを全面的に受け入れようとするような子ども観の基盤には教育愛があった。教育愛を定義すれば、被教育者をより望ましい方向に形成することを意図して被教育者に働きかける教育活動によって表現される愛であると言える。

アガペーは、キリスト教の説く神の愛であり、上から下へという方向をとるが、神の地上の人間に対する無条件、無差別の愛の力に支えられ促されて隣人としての他者を差別することなく愛する働きである。教育愛におけるアガペーも、被教育者がいかなる状態、いかなる状況にあろうともありのままの彼らを受け入れ、差別することなく、自己犠牲的に彼らの成長、幸福を願う愛である。「玉座の上にあっても、木の葉の屋根の下にあっても」その本質において絶対に等しい人間性そのものに至上の価値を認め、一切を捧げて子どもと寝食を共にし彼らを愛したペスタロッチは、このアガペー的な教育愛の体現者と言いうるであろう。

一方エロスは、プラトンによってその本質を明確に示されたが、自己が未だ所有していない「善」なるもの、より高いものを志向し、それを獲得しようとする所有意志である。したがってアガペーが上から下への方向をとるのに対して、エロスは下から上への方向をとる愛なのである。エロスとしての教育愛は、より高いもの、すなわち真・善・美などの価値を愛し求めようとする教師が、子どもの中に同様の愛をよび覚ます働きであるが、産婆術にたとえられる対話的交わりによって人間吟味を行い人間教育の原理を示したソクラテスは、このエロスとしての教育愛の体現者である。

価値を志向し完全性を求めようとするエロスは、自己肯定的で自己中心的な愛に陥る危険があるのに対して、無差別的で自己犠牲的なアガペーがその限界を補完する中で、教育愛は純化され教師の教育実践を支える力となるのである。

で発現される。

二　受容と共感

教師と子どもとの教育関係においてこの教育愛は、被教育者を全面的に受容するというかたちで発現される。

心理学者のマスローは、人間が本来持っている成長し自己を実現しようとする欲求に注目し、独自の自己実現論を提出した。彼はこの成長や自己実現に向かう健康な人間の本性について、次のように述べている。「人間は自分のうちに、人格の統合性、自発的な表現性、完全な個性と統一性、盲目にならず真実を直視すること、創造的になること、善なること、その他多くのことに向う力をもっている。すなわち、人間はさらに完全な存在になろうとするように作られている。そしてこれこそ、大部分の人がよい価値と呼ぶもの、すなわち、平安、親切、勇気、正直、愛情、無欲、善へと向かう力を意味するのである」(13)

そして彼はこの人間の力に依拠し、これを成長へと導くためには、これを抑圧し否定することなく、全面的に受容することを主張する。特に子どもは拘束や禁止されることなく、また嘲笑されるという心配なく自己を表現し活動するときに、彼らの自己実現へ向けた力はより強められるのであり、彼らの精神的核心が受容され尊重されてこの核心を発揮しえたとき、次の段階の思考・活動へと意欲的に取り組み、慎重、批判、厳密な思考、細心、検証などのより高いレベルへと導かれることをマスローは指摘しているのである。

われわれは往々にして子どもの欠点や弱点にのみ目が向きがちであり、その矯正のために彼らの精神的核心を抑圧してはいないだろうか。この核心が受容されて、彼らの健康な部分が機能し力を発揮したときに、欠点や弱点も克服されうるというマスローの主張にわれわれは耳を傾ける必要があるのである。

さらに教師は、彼が受容し関わりを持っている子どもの内面に対する配慮を怠らず、「共感」する態度を持って接していく必要があろう。教師が子どもを外側からのみ判断し、彼らの行動の現象面のみに目を向けるならば、彼らの内面に切迫していくことは不可能である。ブーバーは前述した「包容」の概念によって、教師が子どもの立場になって自己の行為に対する子どもの感情や反応を体験しようとすることの意義を提示したが、これは教師が子どもの内面を感情移入しつつ理解していくことが必要なことを指し示しているものと思われる。

教師は、不登校児や「いじめ」の渦中にある子どもの内面への配慮が必要であることは言うまでもないことだが、表面上は問題がないように思われる子どもに対しても、日常的な接触をとおして彼らの行動や表現の中に秘められた苦悩や感情に迫っていくことが現在特に求められていると言えよう。

三　信頼

ところで子どもの存在を受容し共感するには、彼らを信頼することが必要である。ドイツの哲学者ハルトマンは、他者を「信じること」「信頼すること」の意義について次のように述べている。

「信ずるということは、創造的な力をもっている。それは、他の人にこれこれの特性が具わっていると信ずれば、その信念が、その人のうちに現実にその特性を生ぜしめる、という創造的な力がある。……信念は人間を造り変えることができる。[14]」

この事実は、ローゼンタール（R.Rosenthal）などによって明らかにされた「ピグマリオン効果」によっても確認しうることである。すなわち教師が子どもの成長を信頼し期待をかけ、その信頼と期待に基づく教師の言動や子どもの応答行動が積み重ねられると、その教師の信頼と期待に応じた子どもの成長が実現される現象が見られるという実証的報告がなされているのである。

しかし教師の信頼は、必ずしも絶えず期待どおりに子どもに受け入れられ、それが成就するとはかぎらないことも事実である。信頼が教育をなしとげるための不可欠の前提ではあっても、この信頼が自由で予測できない態度をとる一人の人間に対して向けられるのであって、教師の意図は挫折し失望することも認識すべきことである。ボルノーは、教師の信頼が失敗するかもしれない冒険であることを指摘したうえで、次のように述べている。「この冒険は、分かちがたく教育の本質そのものの一つだからである。自分の職業にふくまれている危険の前に眼を閉ざさない教育者は、その冒険を意識的に引き受けなければならない。[15]」

そしてボルノーは、教師がこの冒険を引き受け挫折を克服していくためには、「忍耐」が必要であるという。「教育者は……発達の終点をじっくりと待つことのできる忍耐、予期しなかった新たなるものをも、発達をより豊かにするものとして積極的に受け容れる構えを持った気長な忍耐が必要である」[16]。そして教師は、世界や人生へのゆるぎない信頼に究極の根底において支えられていると感じているとき、すなわち宗教的な徳としての「希望」に支えられているとき忍耐という徳を体得することができるとボルノーは指摘しているのである。

四　教師の真実性

ところで教師はいかにして子どもに信頼されるようになるのだろうか。言うまでもなく教師は、意識的・作為的に子どもからの信頼を作り出すことはできないのであり、このような行動はかえって子どもの不信をまねくことになろう。

子どもは、教師がこのような作為を捨て、ありのままの誠実で真実な一人の人間として彼に向かい、直接的な人間関係を彼と結ぶときに教師を信頼するのである。この点に関するブーバーの指摘は、極めて示唆に富んだものである。

「信頼をかち得るのは、それを得ようと努力することによってではないことは自明であります。そうではなくて自分が関わっている人間の生活に、かくてここでは生徒の生活に直接かつ率直に参加し、そこから生じてくる責任を自らに背負うことによってであります。教育上効果があるのは教育的意図ではなく、教育的な出会いであります。」[17]

すなわちブーバーは、教師が具体的な働きかけを行い自らの行為に責任を負うこと、しかもその際教師は率直で真実な偽りのないありのままの実存として子どもに関わる必要があることを説いているのである。

また「教師」「教育者」という言葉は、戦前の「聖職者」としての教師像にも影響されて、教師がいわゆる「人格者」「倫理的天才」であり、また博識・博学でなければならないということを連想させるものである。したがって現場の教師は、このようなイメージの中で教師としての自己のアイデンティティーを形成して、いわゆる「教師」然として殻に閉じ込もるか、このイメージと自己の現実とのギャップに苦悩したりするものである。

このような教師の意識が、子どもとの精神的交流や「出会い」を阻害してしまうことになるのだが、われわれはこの点に関連するブーバーの次のような提起を見い出すことができる。

「生徒の全体性に真に影響力を行使するのは、教師の全体性のみであります。彼の作為のない実存の全体であります。教師は性格教育を施すために倫理的天才である必要は毛頭ありません。けれども彼は自分と同じ人間に胸襟を開いて意見を共に分かち合う生きた全人でなければなりません。彼がこうしてはつらつと生きていることが彼らに放射します。そして彼らに影響力を行使してやろうなどと毫も考えない場合にこそ、もっとも強烈にかつ純粋な影響を与えるのでありま す。(18)」

専門職としての教職にあることを自覚して、教師は専門領域に関する学識と指導技術を高める努力を怠ってはならないが、子どもたちと共に学び共に歩む一人の人間として、またいきいきと力強く生きるあるがままの人間として子どもたちと関わることが求められているのである。

五　教育的権威

　ところで、教育関係において教師に求められるものの一つに「権威」の問題がある。冒頭で指摘した四つの「教師の役割」からも理解しうるように、教師は子どもの人間的成長・成熟・人格の覚醒に対して重要な責任を課せられた存在である。この責任性から教師の権威を捉えることができよう。すなわち子どもを愛し彼らの成長を願うとともに、彼らの人間形成に責任を担う存在としての自覚から、教師は自己の教育活動の意義を確信し彼の職務に自信と誇りを持って子どもと関わろうとするとき、教師の権威は生起するのである。ペスタロッチは、やすらぎを与え自分を保護し養育してくれる存在としての母親に子どもが従い、母親に対して信頼と感謝の念を抱くことを指摘したし、またペスタロッチのこの指摘を基礎に理論形成したボルノーも、子どもは「教育的雰囲気」の中で、教師に対して「信頼」「感謝」「愛」「尊敬」などの感情や態度を示すことを述べたが、子どものこのような感情の中に教師の「権威」の根拠が存在するのである。

　ところで前節で触れたように、林は教師が権力者性を捨てて子どもに接していかない限り、豊かな教育関係は成立し得ないことを指摘した。またアメリカの心理学者ピュリアス（E.V.Pullias）は、『教師―その役割の多面性―』の中で、次のように述べている。

「すぐれた知識には危険がある。権力と同じようにすぐれた知識は習慣的に使われ、挑戦されることもないので、堕落していく。そして、そこから最悪のパーソナリティーが育つ可能性がある。教師が生徒より知っていることに慣れてしまい、注意しないと、『教師調』で話をするようになる。生徒に対してのみならず、自分の仲間に対しても権威的にふるまう。」[19]

したがって教師は、教師として保持している知識の上にあぐらをかくことなく、自らも絶えず子どもたちと共に学ぶ姿勢を持ち、子どもたちの発想や感性からも学ぶ必要があることも想起しなければならないのである。

第四節　教師に求められる「カウンセリング・マインド」とは何か

これまで教師と児童・生徒との教育関係の教育哲学的ないし教育人間学的考察を進める中で、教師に求められる態度を検討してきたが、最後に、現在学校現場でその必要性が主張されている「カウンセリング・マインド」とは何かという問題を、これまでの考察をふまえて述べておくことにする。

ところで『学校カウンセリング辞典』によると、学校現場における「カウンセリング・マインド」とは、「教師が教育指導に当たる際に必要とされる相談的な考え方や態度、またはカウンセリングで大切にしている基本的な指導理念、態度、姿勢を示す和製英語」であると言う。そして同書では、この態度・姿勢を導く「ロジャースの三つの原則」についても触れている。[20] それは、①．カウンセラーの役割の底にある人間の生地の姿で子どもに接する「自己一致」、②．子どもの内部的基準枠で子どもを理解する「共感的理解」、③．条件つきでない受け入れをする「無条件的積極的配慮」である。

これらは心理学的アプローチからする分析の帰結であるが、これらのそれぞれに対応するものこそ、すでに前節で検討した「真実性」、「共感」、「受容」の内容であると思われる。

そして、日本における学校カウンセリングの理論と実践において重要な業績を残してきた国分康孝は、精神分析的カウンセリング、行動療法、実存主義的カウンセリングなどのカウンセリングの諸学派におけるカウンセリング・マインドの内容を叙述した上で次のように述べている。「結論として、どの理論のマインドも帰するところはリレーションをつくろうとする姿勢におちつくといえる。[21]」

国分によれば、このリレーション（relation）は必ずしも他の人間との関わりのみを指すものではないが、カウンセリングの視点から児童・生徒を導こうとする教師にとっては、彼らとの関わりを豊かに形成していくことが最も重要なことであり、このことこそが教師にとってのカウンセリング・マインドの核心的問題であると言えよう。そしてこれは、われわれがこれまでの節において考察してきた教師と児童・生徒との教育関係の問題なのであり、すでに指摘した教師に求められる態度の内容は、学校カウンセリングの実践に際しても、重要な意義を持つものなのである。

このような認識のもとに、学級担任である教師はカウンセリングの理論と技法をどのように駆使していくべきであろうか。

まず教師は、平素から学級内で「開発的・予防的なカウンセリング」を行うことによって、いじめ・不登校・非行・校内暴力・自殺などが起こらないような学級づくりを心がけていくことができる。具体的な技法としては、ロールプレイ（役割演技）・構成的エンカウンター・グループワークなどがあるが、これらによってクラス全員が自己理解を深めるとともに他者理解を深めていく中で、互いに認め合い、クラスは居心地のよい場所になるであろう。

摂食障害・ノイローゼ・不眠症・自殺念慮など、「開発的・予防的カウンセリング」だけでは対応できない問題については、「治療的カウンセリング」が必要であるが、これを実施しうる専門の臨床心理士と連携しつつ、治療を彼らに依頼していかねばならない。

いずれにしても教師は、カウンセリングの技法を習得する前提として、前節までに確認してきた児童・生徒との人間的関わりの重要性と教師に求められる態度をしっかりと認識する必要があり、また日常の実践の中でこれを意識しつつ児童・生徒との豊かな関わりを実現していかねばならない。

本章においては、教育関係の本質をめぐって考察してきたが、今日ますます教師と子どもの教育関係の質が問われてきているように思われる。めまぐるしく流れていく現代社会の日常の中で、われわれは他者の心を思いやる余裕もなく、人と人との関わりは潤いのないものとなっている。

ブーバーの言う「我―それ」の関係に人間関係そのものが変質しつつあるかに思われるのである。現在の学校教育もこのような情況の渦の中にあることを、われわれは今こそしっかりと想起せねばならない。そして児童・生徒の「いのち」を輝かせる豊かな教育関係の創造に向けて、努力をかたむけていく必要があろう。本章での考察が、その一助になることを願うものである。

〈参考文献〉

(1) フリットナー著、島田子郎・石川道夫訳『一般教育学』三一〜九四頁。玉川大学出版部、一九八八年。
(2) ランゲフェルド著、岡田渥美・和田修二訳『教育と人間の省察』一五八頁。玉川大学出版部、一九七四年。
(3) ボルノー著、森昭・岡田渥美訳『教育を支えるもの』黎明書房、一九六九年。
(4) ブーバー著、山本誠作他訳『ブーバー著作集8―教育論・政治論』、みすず書房、一九六九年。
(5) ランゲフェルド著、一三六頁、同書。
(6) 村井実著、『村井実著作集・第5巻』、二八四〜三八五頁。小学館、一九八八年。
(7) 村井実著、同書、三〇五頁。
(8) 林竹二著、『林竹二著作集8―運命としての学校』、六四頁。筑摩書房、一九八三年。
(9) 林竹二著、八頁、同書。

(10) 林竹二著、『教育の根底にあるもの』、径書房。
(11) ボルノー著、森田孝他訳、『問いへの教育』、七三～九六頁。川島書房、一九七八年。
(12) ボルノー著、九三頁、同書。
(13) マスロー著、上田吉一訳『完全なる人間』、二〇九頁。誠信書房、一九六四年。
(14) Nicolai Hartmann,Ethik,Berlin und Leipzig,1926,S.429
(15) ボルノー著、浜田正秀訳、『人間学的に見た教育学』、六四頁。他、玉川大学出版部、一九六九年。
(16) ボルノー著、『教育を支えるもの』、一三四頁。
(17) ブーバー著、六〇～六一頁、同書。
(18) ブーバー著、五八頁、同書。
(19) ピュリアス・ヤング著、都留春夫訳、『教師—その役割の多様性—』文教書院、八四頁。一九七〇年。
(20) 『学校カウンセリング辞典』三三三頁、金子書房、一九九五年。
(21) 国分康孝著、『教師の使えるカウンセリング』、一七頁。金子書房、一九九七年。

第五章　人間学的子ども観と教育

はじめに

現在、子どもの間に「新しい荒れ」が起こっている。いじめや不登校、学級崩壊、最近は中高校生を中心にした青少年の残忍にして凶悪な殺傷事件が多発するなど、子どもたちが人間を生きていくことの出来ない状況が生まれている。この問題行動の原因は様々であり、この原因は厳しく探らなければならないが、問題は子どもたちの間に著しい変化が起こり、状況が厳しければ厳しいほど、人間の本質に立ち戻り人間存在そのものに立って、教育のありようを考えていかなければならないことである。

教育は単なる技術ではない。保護者や教員が子どもという存在をどう捉えているかという子ども観によってその関係の仕方や教育の在り方が決まる。

第一節　関係に飢え渇く子どもたち

一　人間として生きられる関係

子どもたちは、今、なぜ荒れるのか。それには様々な原因があるであろうが、その一つは、子どもたちがほんものに飢え渇いていることによると思われる。ほんものの親の愛や家族の愛、教員の愛に飢え渇いている。ほんものの自然や人間社会、人間の文化に飢え渇いている。ほんものの食べ物や衣服に飢え渇いており、学校においては、ほんものの教材に飢え渇き、ほんものの授業に飢え渇いている。

否、もっと正確に言うならば、それらとのほんものの関係に飢え渇いていると言うべきであろう。親の愛、教員の愛があっても、その関係がほんものでなければ、その愛はほんものとして子どもには受け取られないし、教育的には作用しない。自然現象や政治・経済・教育・文化などの社会事象を教材としたものが、たとえほんものであっても、それらとの関係がほんものでなければ、子どもたちにはほんものとしては受け取られず、飢え、渇くことには変わりはない。

ほんものの関係とは、子どもが人間として生きられる関係である。そうして、「人間として生きられる関係」の「人間」とは、次項で言及する人間存在から見た人間である。

家庭教育にあっては、両親と子ども、保護者と子どもの関係の在り方の問題であり、家庭教育を基盤にした地域の自然や社会、近隣の子ども集団との関係の在り方の問題である。

学校教育にあっては、授業において子どもが人間として生きられなければならない。そのためには授業で扱う教材が子どもが人間を生きられるものでなければならない。しかし、どんなにすばらしい教材が持ち込まれても、子どもと教材、子どもと教員、子どもと子どもとの間に人間を生きられる関係の授業が実践されなければ授業は成立しない。

人は関係の中で人間になっていく。自然との関係や親子、兄弟、教員、友人などの人との関係、あるいは衣や食や住、社会システム、歴史や芸術作品、文学作品などのモノとの関係、現象・事象、状況との関係の中で人間になっていく。しかも、それらとの関係の仕方によって人間形成のありようが違い、関係の仕方に問題があれば、人間としてのありようも問題となる。教育は単なる技術ではない。親や教員が子どもという存在をどう捉えるかによって関係の仕方が決まり、関係の仕方によって教育のありようが決まってくる。

マルチン・ブーバー（Martin Buber）は『我と汝』（"Ich und Du"）の中で、自分と他者との関係について、次のように言う。他者に対する自分のありようの中に「我（Ich）と汝（Du）」という関係の仕方と「我とそれ（Es）」という関係がある。人間は常にこの二とおりのいずれかの仕方で他者とかかわる。「我と汝」という関係では、他者を代替不可能な絶対的存在として捉えて、自己の全存在をかけてかかわる関係の仕方である。それに対して「我とそれ」においては、「それ」は「我」にとって代替可能なものであり、「我」の側も自己の存在を賭けてかかわるようなことはしない関係である。

言われてみれば、まことにそのとおりである。親と子の関係においても、親が子どもを親のペットとして、あるいは見栄の対象としてかかわる関係においては、その子が、「柔順な子」で「成績のいい子」で、その役割を果たして親を充足させてくれる子どもであれば、別にその子でなくてもかまわない、代替可能な存在としての「それ（Es）」である。親にとって寂しさを紛らわしたり見栄を張らしてくれる間は可愛がるが、それが出来なくなると放任したり、虐待したりする。

それに対して、親が子どもをこの世にあるただ一人の絶対的存在として、たとえその子が迷惑をかけ、世話のやける子どもであろうと、その全存在を受け入れようとするとき、親である「我」にとって子どもは「汝（Du）」の関係である。また、自己の存在を賭けて全存在を受け入れてくれる親は、子どもにとって「汝（Du）」の関係である。

夫婦、恋人のかかわり方においても、寂しさを紛らわせるための、あるいはセックスの対象としてであれば、その人でなくても誰でもかまわない代替可能な存在であり、それは「我とそれ」の関係である。

学生と教員の関係においても、学生が単位取得の対象として教員を選ぶのであれば、その分野・領域の授業科目を教える教員であれば、別にその教員でなくても誰でもかまはないわけである。そうして教員の側からしても、決められた授業科目を受ける学生なら誰でもよいわけである。

まさに代替可能な「我とそれ」の関係である。

人間は常にこの二とおりの関係の在り方の間を揺れ動いているのである。

親子の関係でも夫婦が愛し合って生まれた子どもの場合は、「我と汝」の関係であるが、そのうち夫婦関係が旨くいかなくなり、「この子さえいなければ」という感情が起これば、その関係は「我とそれ」の関係になってしまう。反対に期待されずに仕方なく生まれた子どもで、その関係は最初は「我とそれ」との関係であったとしても、育てているうちに母性愛が芽生え育ってきて、母親がその子を掛け替えのない、自分を犠牲にしてもその子を守ろうとする関係になれば、それは「我と汝」の関係となる。

学校教育の子どもと教員の関係について言うならば、最初は、学年・学級が決まり、機械的に教員と児童・生徒・学生という「我とそれ」の関係で始まったとしても、場合によっては、そこで出会いが起こり、教員と子どもが、自己の存在を賭けてかかわる「我と汝」のかかわり方を持つようになることがある。学生と教員の場合も同様で、教員が指導しているうちに、自己の存在を賭けてかかわるようになり、学生もそれに応えて掛け替えのない師と仰ぐという関係が生まれることが起こる。

ところで、ブーバーは「我と汝」という関係を持たなければ、人間として真の生(reine Leben)を得たことにはならないという。しかしながら、人間は自己の存在をかけてかかわるという、「我と汝」の関係を絶えず持ち続けるということも、また不可能であるという。「我と汝」の関係を持ち得たとしても、必ず「我とそれ」との関係に陥ってしまう。何時でも、どの場合でも、自己の存在を賭けてかかわるということは出来ないからである。しかし、「我とそれ」との関係は人間としてのあるべき生ではないことも事実である。したがって、何とかして「我とそれ」の関係の状態を克服して、「我と汝」の関係を持とうと努力して生きようと、もがき、苦悩するのである。そこにまた人間としての魅力が生まれる。

このように、ブーバーは、一人の自分の生のありようが、時と場合によっては、二とおりの仕方のかかわり方をするという。

この関係は、自然や文化や事物に対しても同様である。単に人間生活を豊かにするための手段として自然を利用し自然を科学する自然とのかかわり方をするか、あるいは自然に支えられ、自然によって生かされているというその恵みに感謝し、自然の内にはたらく摂理や生命力を支配する力を畏敬してかかわる関係の仕方をするかによって、「我とそれ」の関係となるか、「我と汝」との関係になるかが決まる。人類の危機とも言われる地球的規模の環境破壊は、現代の自然科学の方法論や近代合理主義的考え方の行き詰まりによるとされるのも、自然を「我とそれ」の関係で捉えた結果であろう。

今、「いのち」あるものとの共生が主張されているが、そうしなければ環境破壊が起こり人類が破滅するというのであれば、人間のエゴが先行して自然が単なる手段となっており、やはり「我とそれ」の関係である。自然を探求すればするほど自然の神秘さに感動し、その摂理を支配する存在を畏敬するとき、「我と汝」の関係が成立して共生が始まる。そうして共生することによって人間が人間を生きることを始める。

したがって、親や教員が子どもをどのような存在として捉えるかという子ども観によって関係の仕方が異なってくる。子どもは敏感である。親や教員が子どもを「我と汝」という関係で捉えれば、子どもの方も親や教員を「我と汝」の関係で見る。「それ」としてかかわれば、子どももまた親や教員を「それ」として捉えて「我とそれ」の関係でかかわる。

また、子どもは何時も同じではない。状況によって違う。子どもは「固定観念で見ないで欲しい」、「今の自分を見て欲しい」と親や教員（他者）に訴えている。子どもは状況によって、そのありようが違うし、関係の仕方によって違ってくる。友だちの前の子どもと親の前の子どもは違うし、教員の前の子どもは違う。昨日の子どもと今日の子どもは違う。子どもはみんな「今、目の前にいる、この私を見て欲しい」と訴えているのである。しかし、教員はどちらかと言えば、子どもの生育歴や家族歴などその子の背景やこれまでの成績や行状など、先入観や固定観念で捉えることがしばしばである。そうしていながら、自らは子どもを十分理解していると錯覚している場合が多い。また、一人ひとりのA子、B夫、C子を見ようとしない。子ども一般、小学生一般、学年一般、学級一般としてしか見ようとしない。それでは教育は起こらない。あるがままの子どもを受け入れることから「我と汝」の関係が生まれ、教育が始まる。

しかし、誤解してはならない。生育歴や家族歴を知る必要がないというのでは決してない。背景を十分に知りながら、今の、その子そのものとかかわらなければならないと言いたいのである。生育歴や家族歴という背景に曇らされ惑わされて、実際のその子を見落とすことのないようにしたいものである。

二　いのちを生きる

人間はまたいのちを持つ存在として、子どもがいのちを生きられるようにしなくてはならない。いのちが生きられるには、それが可能な時間と空間がある。内山節はその著『時間についての十二章』（岩波書店）において、それに言及している。その概略について言おう。つまり、自然のままの河川は、蛇行していて川幅が狭く深い所があるかと思えば、広くて大きい。時には中洲があったりして、その流れ方もゆったりとして滔々と流れる所があるかと思えば急流があり、さらさらと流れる所があるかと思えば淀んだ所もある。それには流れがありリズムがある。そこには川藻がゆれ、葦が生え、小さな魚が育ち川ニナが棲むなど、様々ないのちが育っている。

ところが、洪水を起こす危険性から河川を人工的に真っすぐにしセメントでたたんで三面舗装をしてしまった。そこには機能性と効率性の考えが支配している。その結果、川に流れやリズムがなくなり、いのちが消えてしまった。それではいのちが育たないからである。ちなみに、旧建設省では、この方式を元に戻す政策変更することを二〇〇〇年の末に決定した。川の氾濫の面からも、旧方式の方が合理だとされたのである。

川の流れだけではなく、時間においても同様で、いのちが育つには機能性や効率性だけではなく、緊張と弛緩が必要である。一年、一日、一時間の中で、緊張し集中して仕事をする場合があり、ゆったりとした時間を持つことがあるし、そうでなければ人間を生きられない。そこに生活にリズムが生まれる。年中行事や祝日があって生活にメリハリがある。授業においても、激しく論じ合う時があるかと思えば、沈潜してじっくり考える時があり、授業の中心課題に向かって収斂して一気に追い込んでいく時がある。そうかと思えば、他者の考えに納得し感心して、ほっとしてゆったりと流れる時間があり、緊張と弛緩がある。

空間的にも効率性や機能性だけでなく、遊びの空間が必要である。学校でも子どもが何時も監視されていて、子ども同士が語らい合うことが出来ないような校舎や教室の設計構造だけでは、子どもは人間を生きられない。これまでの学校建築では、どちらかと言えば機能性や効率性のみが強調されて、この配慮がなされていなかった。そのことも生徒の問題行動の多発の遠因になっているとは考えられないであろうか。ちなみに神戸の児童の殺傷事件を起こした中学生の通う中学校では、子どもがどこにいても、その行動が監視されるように設計されていると聞く。

第二節　人間存在としての子どもと教育

はじめに

人間とはそもそも何ものであるか、その人間としての子どもとは一体どういう存在であるかを考えてみたい。人間存在については様々に規定出来るが、少なくとも教育という観点から人間を、「教育的存在」、「温もりを求める存在」、「知的・創造的、学習的存在」、「生きる意味を問う存在」、「応答責任存在」、「表現的存在」という観点にしぼって考察したい。

一　教育的存在としての人間

哲学者・カント（I, Kant）は、『教育学講義』（Über Pädagogik）で、「人間は教育されなければならない唯一の被造物である」と述べている。燕の雛は排泄するのに巣の縁に立って糞を巣の外に出す。カントはその生態を見てそう言うのである。燕の雛は親鳥から排泄の仕方を教えられたわけではないのに、そうするのである。その様子をカントは恐らく感動的に見たのであろう。そうしなければ雑菌が繁殖してツバメの種が絶えることから、燕の雛は造物主から習性としてそうするように創造されたのであろう。

しかし、人間の場合はどうであろう。排便・排尿の仕方は教えなければ、排泄はしても人間の子として、もっと言えば、文化としての排便・排尿は出来ないのである。このように人間の子どもは、教育されて初めて人間社会を生きる者となる慣習や習慣、社会的ルールを身につけていくのである。その意味から、人間は教育されねばならない存在（homo educandum）であり、それなるがゆえに教育され得る存在（homo educabile）であると考えるべきである。

また、ポルトマン（A. Portmann）は人間を生理的早産児であり、欠陥生物であると言う。人間と同様に哺乳動物で子どもを一匹か二匹しか生まない牛や馬などの子どもは、生まれたその日から立って歩くことが出来る。否、そうしなければ外敵から襲われて死を招き、その種が滅亡する。それに対して、人間の子が立って歩くことが出来るのはおよそ一年後の誕生日が来てからである。それも外敵から逃げる牛や馬のようなほぼ完璧に近い歩き方ではない。そのことからポルトマンは、人間を「欠陥生物」であると言うのである。つまり、欠陥生物であると言うことは、そのことのゆえに、人間はその欠陥を教育・学習によって補わなければならないし、補うことが出来るわけである。そうすることによって人間に内在する無限とも言える可能性が開かれて、人間は文明・文化を創出し現代社会を実現したのである。

言い換えれば、放任しておけば、習性としては動物以下の行動しか取れないものとして成長することにもなる。排泄や摂食は出来ても人間の文化としての排便・排尿の仕方も食事の仕方も出来ない子どもになる。否、現実に放任されてそのまま成人している者が少なくない。それが校内暴力や学級崩壊を生み、社会的に批判されるような人間として望ましくない行為・行動を取る者となっている。

子どもの自主性・自発性尊重と称して放任して、家庭や幼稚園で必要な指導も教育もしないで、そのために小学校の低学年から授業中、人の話も聞けず立ち歩き、ものを食べながら大声を出したりするなどの学級崩壊を起こしている。自主性・自発性は、保護者や保育者や教員の指導があって初めて芽生え育ってくるのであって、放任からは恣意的な行動しか生まれない。子どもは人間として生きたいと願っている。条件整備や教育・指導によって、人間として生きられる者とならせなければならない。それは保護者や教員の責任である。

二　温もりを求める存在としての人間と教育

人間はまた他者から護られ愛されていると感じること（被護感＝Geborgenheitgefühl）によって生きることの出来る存在である。特に乳幼児には、父母の愛・保護者の愛が必要であり、その愛を実感させることが不可欠である。乳幼児は授乳において母乳を摂食するためだけではなく、母親の乳の匂いや息の香り肌の温もりを心底に刷り込（imprinting）む。そのことをとおして、父母を初めとする保護者の愛に生きる。この刷り込み現象は人間以外の動物にも見られるが、もっとも知的な人間においては、感性や神経が細やかで鋭敏であり、他の動物以上に温もりや被護感が不可欠である。

それは乳幼児期だけのことではない。程度の差こそあれ基本的には成人しても同様である。人間は永遠に母親の子宮へ回帰しようとする。老いて死を迎えるほどの高齢になっても、その母親の温もりを懐かしむのが人間である。母親の子宮は雑菌のない温かい羊水でいのちが育む。人間はその羊水のような温もりを家庭や地域（ふるさと）、学校・学級に求めるのである。

その第一は家庭にあっては、日常的で生命維持の衣食住である。「住」について言えば、豪勢な「住」環境ではなく、温かい家庭の雰囲気である。家族の誰もが愛され尊敬される関係である。年老いた祖父母も若い夫婦も子どもも、家族のみんながその全存在を丸ごと受け入れられる温かい家庭である。長所も欠点もすべてが家族のみんなから受け入れられて兄弟姉妹が比較されたりしないような温かい家庭の雰囲気である。

生命維持にもっとも重要なのは食生活である。しかし、生命維持のためにだけ人間は食するのではない。それによって人間を生きるのである。乳幼児においては授乳ということから始まる。母親の肌のぬくもりや語りかける息の香、熱い眼差しの中で愛を感じる。食生活はいのちの根源であるとともに、毎日三百六十五日の三回は必ず食事するのである。その中で子どもは親の愛、保護者の愛と知恵を食べて成長する。自然的・精神的風土の中で生まれる食は文化である。料理はその民族やそこに住む里人の知恵と思念の結晶であり、食器も食事の仕方も、その地域に住む人々によって創り出された地域の文化であり、民族や国民の文化である。家庭にあっては両親の知恵や愛が料理となり食器となり食事の仕方となる。食器も単なる器ではなくて文化である。その食器に盛る盛り付け方も文化であり、食事の作法も文化である。日本人の、そしてその地方の人々の、家庭にあっては保護者の知恵と愛を、子どもは食して人間を生きていくのである。

「衣」もまた寒さや暑さから身を保護する生命維持のためにだけあるのではない。衣もまた文化である。衣の文化を着ることで人間を生きるのである。

そうして、親は子どもが今を生き、未来を生きるものになるために家庭教育をする。その教育のありように親の愛を感受するようにしなければならない。また、家庭と同様、学校・学級を精神的に回帰することの出来る母港にしなければならない。生まれ育った所や自分が生きた地域社会を回帰することの出来る母港としての「心の故郷」にしなければならない。子どもが生きる今において、その場がそうなっていなければ、子どもは回帰しようとは思わないからである。しかし、今、学校や学級が、子どもたちにとって子宮の羊水のように雑菌のいない清潔で温もりのある場にはなってはいない。いじめや校内暴力などにより学級崩壊が起こり不登校や自殺する者がおり、学級・学校の現状は子どもが人間を生きられる場にはなっていない。

特に幼稚園の三歳児は、子宮から出てまだ三年数カ月しか経っていない。その意味で保育所や幼稚園の保育室は子宮の中の延長線上にあると考えねばならない。すべての子どもが丸ごと受け入れられる雑菌のない温かい子宮の中の羊水と同様に、清潔で温かい保育室をつくり出さねばならない。学校において、学級がすべての子どもが受け入れられている温かい雰囲気の中にあって、一人ひとりの子どもが教員から愛され、護られ、受け入れられ、子どもは熱い眼差しを感じなければならない。

しかし、それは教員がただ子どもを励ましたり、褒めたりすることではない。子どもは誰でもみんな知らないことを知り、分からないことが分かり、出来ないことが出来るようになりたいとして学ぶのである。そして自分の知り方、分かり方、出来方を創り出したいとして、学校に来るのである。教員にあって子どもを愛するということは、一人ひとりの子どもにその事実をつくり出すことである。そのために担任教員が自分たちにその事実を実現させようとして、いろいろ本を読んだり、他の教員に教えを乞うたりして、様々な工夫をし努力をしていることを、子どもが教育活動をとおして実感するとき、子どもはそこに教員の愛を感じ、教員に対して信頼が生まれて、教育が成立する。

ところが、どうであろう。現在の子どもたちにそれが充足されているであろうか。現在、子どもたちの間で起こっている様々な問題状況は、この感覚の欠如に起因するのではあるまいか。今、子どもが荒れている原因の一つは、子どもがこの愛を生きていないことである。

家庭にあっては、豪勢な家に住んでも家族での対話がない。また人間が人間を生きることの出来る食事をしていないということはないであろうか。栄養十分な食餌は与えられていても、子どもは親の愛と知恵の結晶としての料理を食べ食事をしているであろうか。その日の気温や子どもの運動量などを考慮して栄養上のメニューを考えるなどの父母の愛と知恵を食べさせているであろうか。外食やファースト・フードばかりで済ませているようなことはないであろうか。子どもは家庭の味を知っているであろうか。否、その家庭に味そのものがあるのであろうか。このことはその家庭の、そしてその子のアイデンティティにもかかわることである。ブランドものは着ていても子どもはそれで親の愛や知恵を感じるものではない。勉強はさせていても有名校に入るための勉強だけであって、人間として今を生き、未来を生きるための教育ではないということはないであろうか。

担任の教員は、学級一人ひとりの子どもに「何としてでも、これだけの資質や能力をつけないではおれない」という思念で教壇に立ち、様々な工夫をし力を尽くしているであろうか。その努力に子どもは教員としての愛を実感しているであろうか。学級の一人ひとりの、この子、あの子に学力をつけようとして、教材を選び授業を様々に工夫して組織しているであろうか。その教員の意図を子どもたちは自分に対するものとして実感しているであろうか。たとえ教員がその努力をしていても、それが子どもに伝わり、実感されていなければ無に等しい。
しかし、意外にも事実はそうなっていないにも拘わらず、教員だけがひとりよがりで子どもに実感されているものと思い込んでいて、疎外が起こっている場合が少なくない。

学校・学級が子どもたちにとって回帰する母港となるような教育的営為がなされているなら、どんなに厳しい知的追求をする授業でも、子どもたちは楽しく学ぶことが出来る。否、新しい世界を知り、自分が変えられるがゆえに厳しい知的追求であればあるほど、子どもたちはいよいよ喜びを増大させてあくなき追求をする。人間を豊かに生きることが出来るからである。

地域社会はどうであろうか。現在の子どもたちにとって回帰したくなるような地域社会になっているかどうか。地域社会と子どもとの間に回帰したくなるような関係を結んでいるであろうか。新教育課程で総合的学習の時間が導入されるが、この時間の体験的活動は、単なる地域社会ではなく、回帰したくなるような機能を持つ地域社会として体験させなければならない。地域をそこに住む里人の知恵と思いが満ちている社会として機能させなくてはならない。

人間は誰でも人生を生きる中で、自分を賭けなければならないときが何度かある。決断し挑戦しなければならないときがある。それが出来るかどうかは被護感を経験したかどうかが微妙に関係すると言ったのは、ボルノウ（O. F. Bollnow）である。人間はどんな困難に遭遇しても、この世にただ一人でも愛してくれている人がいて、その人の眼差しを感じ、それが頭をよぎるとき、人は立ち上がり、その困難な状況を克服することが出来る。そうして、その眼差しは実在する者ばかりからではなく、すでにこの世には現存しない父母や恩師などからのことも多い。

また、人間にとって幼少年期に家庭や学校、地域社会で、家族や友人とどのような豊かな体験を持ったかが、成人して心象原風景となって蘇ってくる。そうして、そのセピア色をした心象原風景に支えられて、人間は人間を生きていくことが出来るのである。

三　知的・創造的、学習的存在としての人間と教育

人間は、また知的・創造的、学習的存在である。人間は本来的に知らないことを知り、分からないことを分かろうとし、出来ないことを出来るようになろうとして学ぶ学習的存在である。もし、勉強嫌いの子どもがいるとしたら、それは親と教員が勉強嫌いにしてしまったのである。

進学のため、就職のため生活を豊かにするために学ぶという有用性からの学びだけでなく知り・分かり・出来るようになること自体、発達すること自体、学ぶこと自体に喜びを持ち学ぼうとする。学習を発達と考えるとき、発達の喜びを享受するのは人間としての権利であり、それは健常者にも障害者にも、子どもにも大人にも高齢者にも、男性にも女性にもすべての人に保障されなければならない。しかも、生涯にわたって学ぶ喜びが与えられなければならない。

人間は、本来、学ぶことが喜びであるにも拘わらず、現在、勉強嫌いになったり学びから逃走する子どもたちがいる。なぜか。それは授業において、知を働かせて創造・発見し学習して新しい自分になるということを経験しないからである。知恵を働かせ心を用いて追求する過程で創造・発見のない授業はおもしろくない。学習の成立しない授業では、子どもが新しい知見を得て、

新しい自分になったという実感が持てないからである。知識を詰め込むだけでは、知識の向こうにある世界が見えない。そのような授業を受けている限りは、追求の仕方や勉強の仕方を身につけることは出来ない。また、勉強嫌いの子どもは勉強の仕方が分からないことが多い。創造・発見のある授業では、教材自体が未知なる世界を持っていて、子どもに課題が成立する。子どもたちはその課題をぞくぞくしながら追求して創造・発見し解決していく。そのような授業では自ずと追求の方法論が体得される。その課題は多くの場合、子どもたちだけではなく、すぐれた教員には、教員にとっても課題として成立する。その課題追求の過程で教員と子どもが未知なるものを共に追求し発見・創造する中で追求の方法論を身につけていく。

子どもを知り・分かり・出来るようにさせるには、それが可能な原理・原則がある。教員はその原理・原則に立って授業するとき、すべての子どもに学習の成立する授業が生まれる。ちなみに教授学はそれを解明し構築しようとする学問であり、斎藤喜博などはその追求に生涯を賭けたのであった。

子どもにとっては遊びもまた知的・創造的活動であり、その中で学習が成立する。友だちと一緒になって、自然や地域社会とかかわりながら問題に遭遇して、子どもたちは問題を解決していく。友だちの仕方に真似ることは単なる「ものまね」ではない。旨く出来ている友だちのようにしたい、なりたいと、友だちと自分とは発達の差違がある中で、様々に工夫し創造性を働かせて、自分の持つ能力や資質を全開させて目標を実現していくのである。「学び」は「まねぶ」に通じるという。子どもにとっては大きな学習であり、子どもたちは友だちに学びながら、知らないことを知り、分からないことが分かり、出来ないことが出来るようになっていく。子どもたちは遊びながら学び、学びながら遊んで育っていく。子どもは遊びを創り出す天才である。

そうして、学校における教科や生活科、総合的学習の時間の授業では、教育の専門家である教員によって、その学びを組織的に計画的に仕組まれることによって、子ども一人ひとりが学習の主体者になって、可能性を開き、知的充足感を得ていくわけである。

知的・創造的、学習的存在としての人間は、また生産的存在であり労働する存在（homo faber）である。人間は、もちろん、生活のために労働し生産するが、労働し生産すること自体が人間性の発現であるがゆえに、人間は労働し生産をする。人間だけが生産し労働する動物であり、労働し生産することは人間の固有性であり人間性である。したがって、生産・労働は人間としての権利である。高齢になって、経済的に安定して人的にも恵まれていて働く必要のない人でも働こうとするのは、人間性を発現しようとするからである。労働しなければ人間を生きられないからである。したがって、失業ということは生活権の問題であるとともに人権の問題でもある。

生産・労働過程及び生産・労働の結果としての生産物との関係において、人間性の発現の場があれば人間は存在感を持つが、現代の生産・労働形態ではそれが見えにくくなっている。そのために人間として労働することの意味が実感しにくくなり人間疎外が起こっている。また、機械が人間から労働を奪い、機械から人間は使われるという、主人公としての人間が手段化し、手段が自己目的化している。

子どもたちに地域の自然や地域社会の中で、あるいは学校や学級の教室の中でどのような知的・創造的・生産活動を展開させるのか、そのためにどのような遊びや教材に出会わせるのかということが、子どもを人間的に成長させることにかかわるわけで、保護者や教員の責任は重い。

四　生きる意味を問う存在としての人間と教育

人間は生きる意味を問う存在であり、子どもにおいても同様である。生きる意味の追求は、人間にとって永遠の課題であり、生涯にわたって追求しなければならない最重要課題である。端的に言って、それは自分らしさを追求して自分になることである。人間は生涯にわたって自分をつくり自分の人生の作品を創り、自分にならなければならない。それがその人の生きることの意味である。否、そればかりか、死においても、自分の死を生きて死に勝利して死んでいかなければならない存在である。人間は自分にならなければならないし、自分になることの出来る存在である。それは人間にだけ出来ることであり、人間だけに許されていることでもある。それは人間の人間としての使命であり義務であり、言ってみれば人間の業《ごう》である。

道元が『修証義』で「生を明らかめ死を明らかめるは仏家一大事の因縁なり」と言う。これは仏門にある者だけではなく、人間すべての者が要求されていることである。精神医学者でアウシュビッツの収容所で辛くも生き延びたV・E・フランクルは『夜と霧』や『死と愛』の中で、人間を「意味への意志」を持つ存在と捉える。そうして、人間性のすべてを否定されるような収容所の苛酷な状況下での体験を経て著した労作に、『それでも人生にイエスと言う』の書名をつけて、人生を肯定しているのである。人間はまた、ハイデガーが「死への存在」と論述するように、人間は死に向かって生きているわけで、死を目の前にして最期の自分の死を生きて死に勝利していかなければならない。究極的には、人生はそのためにあると言ってもよい。

それは職業生活や市民生活、家庭生活の中で、生きる瞬間、瞬間において、置かれた状況の中で、自分らしさを追求して自分の人生の作品を創らなければならない。そのありようがその人の顔に現れる。「四十歳を過ぎたら自分の顔に責任を持て」と言われる。通俗的な顔になるか、品のある顔になるかは、その人の生き方によって決まる。顔立ちは生まれつきでも、顔付きは自分の生き方によって創られるというのである。経済的豊かさや社会的地位に無関係に、その人の生き方によって決まるというのである。

「個性」や「人格」は英語のpersonality、ドイツ語のPersönlichkeitであるが、その語源がラテン語のpersonaである。これはギリシアやローマの古典劇の仮面に由来すると言われている。役者はその役に徹して役を演じるわけであるが、同じ役でも役者によってその役になりきりようが違ってくる。それがその人の個性であり、人格である。

そのように、人間は、生の瞬間、瞬間において、自分の作品を創り続けなければならない。そうして創り得たと安心した瞬間、たちまち停滞し堕落する。そのため創っては壊し、壊しては創り続けなければならない。

仕事を持っていて、その仕事の中で自分の作品を創っていくことも容易ではないのに、老いて病を得て病気と闘うこと以外に何もなすことのないベッドの上で、最期の自分の生を生き死を生きて、自分の作品を創るということは至難の業である。

家庭教育や学校教育は、生涯にわたって自分になることを追求する基礎づくりの場であると言ってもよい。学校教育で、子ども一人ひとりの中に知り・分かり・出来る事実をつくり出し、さらに、その子の知り方・分かり方・出来方を追求させることによって、子ども各自が自分の考えや思想を持ち思想を豊かにして自然観や社会観、世界観、人間観を形成していく。具体的には、正答を求めるのではなく、算数・数学であれば数式の中にその子がおり、国語では教材解釈の中にその子がいる。その解釈に立つ朗読の中にその子の朗読があり、跳び箱やマット運動の助走の中に、その子のリズムがあり、着地の仕方の中にその子がいる。そこで一人ひとりの子どもにその子の自分らしさに気づかせ自分らしさを創造させ追求させる。それが教育である。

子どもは誰でも、自分でありたいと願う。子どもに対して「これがあなたのあなたらしさかもしれないよ、これが君の君らしさかもしれないね」と、子どもが出してくる意見や考え方、表現や行動から、その内面を洞察して一人ひとりの子どもの固有性について教員が認め、拡大し、強化することによって、子どもは自分らしさを見つけて拡大していく。

したがって、子どもは親や教員から兄弟や友人と比較されると、「自分は自分だ、他の誰でもない。自分そのものを見て欲しい」と直接的・間接的に、反抗しながら様々な形で自分を主張し訴える。自分の自分らしさを追求し自分になることを欲しており、自分の存在証明が実感できる授業を望んでいるのである。

また、「自分の死を生きる」ということから、人間の生や死について考えさせ、触れさせる学校教育が必要である。子どもが小さい時から親しんだ民話や昔話や童話、子守歌や童歌など、国語の文学教材として導入されてきたものの中にも生と死を物語る内容がある。幼児でも意外に人間の死について関心がある。これまで子どもには「惨い」としてそれを敢えて遠避けてきた。直接的に教えなくても間接的に触れさせることは必要である。特に小学校の高学年から人間の生き方や人生について考えるようになる。これまでも「走れメロス」や「蜘蛛の糸」、「春」等、それに適した教材が導入されている。教育課程としてさらに大きく取り上げられなければならない。

五　応答責任存在としての人間

人間はまた問われており、その問いに主体を賭けて応答していかなければならない存在である。人間は状況を生きる状況内存在であり、その状況の中で応えなければならない。絶対者から、あるいは人類社会から問われている。信仰を持っている人は神や仏から、信仰を持たない人でも良心から、共同体から問われており、それに行為・行動で応答していかなくてはならない。

しかも、状況の中において、応答には常に選びが伴う。その意味で、人間は選び決断しなければならない存在である。K・ヤスパースは「人間を単にあるもの」ではなく「決断する存在」と規定する。またA・ポルトマンは「動物の行動は、環境に拘束され、本能に保障されている。これに対して、人間の行動は世界に開かれ、そして決断の自由を持つ」(『人間はどこまで動物か』岩波書店)と述べている。ランゲフェルドは「人間は自らイニシャティブを取り、自ら意味を生み出して『自己自身』になることを敢えて選び取ることのできる動物である」(『教育の人間学的考察』未来社)であると言う。V・E・フランクルは「状況が私を決定するのではなく、私が状況に屈するか、立ち向かうかを決定するのである」(『夜と霧』)と言う。人間は状況内存在である。

しかも、普通名詞ではなく固有名詞で「○○よ、……このような状況の中で、そのような生き方をしていてよいのか」と名をもって呼ばれている存在であり、そのため主体を賭けて名を持って応答しなければならない。状況を的確に認識して、現代社会の問題を己が課題として引き受け主体を賭けて解決することによって応答していく存在であり、教育は子どもをその責任主体となるせることにある。したがって、子どもを番号で呼んだりあだ名で呼んだりして名前を粗末にすることは、その子の人格を否定し、人間としての存在を否定することにもなりかねない。顧みて、日韓併合によって日本人が朝鮮の人たちから名前を奪い、創始改名をさせたことは人間的にも許されない行為であり政策であった。

六　表現的存在としての人間と教育

人間は様々な形で、自分の考えや思念を表現しようとする存在である。文字や文章、音やリズムや歌で、線や形や色で、表情や手振り身振りで自分の考えや思念やその総体としての思想を表現する。表現すべき思想内容がなければ表現出来ない。たとえ考えや思念や思想があっても、その内容が豊かでなければ表現は貧しくなる。しかし、内容が豊かであっても表現する手立てや方法、技術を持たなければ表現することは出来ない。そうして、思想内容があって初めて表現が生まれるが、反対に表現することによって相互媒介的に思想内容が豊かになっていくこともある。

これまでの表現力においては正答主義教育と同様に、教員が設定した一定の基準があり、それに合わせて上手や下手で評価されるばかりで、一人ひとりのその子らしい色や形や構成、音や声やリズム、文章構成や展開、顔の表情や身体の動き、構成という評価が正当になされなかった。また、表現する手立てや方法の教育も十分ではなかった。

表現することで他者とかかわることが出来る。人はかかわりの中で人間的に豊かになる。オペレッタなどの身体表現では、特に構成が、音楽ではハーモニーがその表現を豊かにし個々人に充足感充実感を与える。ボディランゲジーで交流することで自分を開放する。

現在、子どもたちの間で起こっている問題状況は、この表現の教育と無関係ではないと思われる。表現的存在としての人間でありながら、表現する手立ても方法も知らずに、内向的になったり心身症で苦しんだり、むかついたり、きれたりする「新しい荒れ」の現象が起こっている。携帯電話でしか自分を表現する手段も方法も知らないという現実がある。青少年の略語の流行も表現能力の欠如にその原因があると思われる。最近、情報通信技術が発達し、イー・メールなどで他者とのかかわりが格段に増大した。そこでは情報通信技術はもとより、他者の表現内容を的確に判断・理解しなければならない。そうして自分の考えを相手に正しく理解させなくてはならない。そのためには論拠をもって論理的に表現出来なくてはならない。現在のように国際社会、情報社会にあっては諸外国の人とインターネットで、リアルタイムで交信・交流することが出来る。

意思を伝えるための手段としての国際的共通語に通じ、情報機器が駆使できなければならないことは言うまでもないことであるが、それとともに相手の意思を的確に理解し、自分の伝えるべき意思としての思想内容を持ち論理的に相手を説得させる対話能力と表現能力が必要である。
我が国の教育において「表現の教育」が欠落しており、ようやくにして新しい学習指導要領で取りあげられるようになった。特に日本人は表現が乏しいことが指摘されている。これは歴史的伝統によるところが大きいと思われるが、今、そのことが意識的になされるようになった。

〈参考文献〉

1 Martin Buber "Ich und Du" (1923)
2 内山節『時間についての十二章』(岩波書店)
3 O.F. Bollnow : Neue Geborgenheit, Verlag W. Kohhammer 1972
4 道元『修証義』
5 A・ポルトマン著・高木正孝訳『人間はどこまで動物か』(岩波新書) 一九六一年。
6 ランゲフェルド著・和田修二訳『教育の人間学的考察』(未来社) 一九六六年。
7 V・E・フランクル著・霜山徳爾訳『夜と霧』一九六一年。『死と愛』(みすず書房)、一九五七年。
8 V・E・フランクル著・山田邦男・松田美佳訳『それでも人生にイエスと言う』(春秋社) 一九九三年。

第六章　人間学的教育課程論

第一節　新しい知の教育と教育課程

一　新しい知の教育

大学審議会の答申では、二十一世紀の大学においては知の再構築が求められている。二十世紀に追求された科学技術の発達は、人類に豊かさをもたらしたが、その一方では、人類の生存が危惧される危機的状況や人間性否定の人間危機の状況を招来した。二十世紀は知によって開かれたが、二十一世紀は二十世紀のそれとは異質の新しい知を開かなければならない。この危機的状況の克服は、やはり人間の英知によるしかない。なぜなら人間は知的存在だからである。人間においては知を否定してはその克服はあり得ない。

同様に、二十世紀を否定しては二十一世紀は存在しない。現代の科学技術の方法論と近代合理主義的考え方が行き詰まりを来たして危機的状況を生んだが、この状況の克服は、新しい知のパラダイムを創出して知を再構築しなければならない。アンドレ・マルロウが「二十一世紀は精神性の時代になろう。そうならなければ二十一世紀は存在しない」と言ったが、新しい知は精神性を基盤にしなければならない。地球上に生存するすべての国家や民族が、国の大小や文明度に関係なく、科学技術の発達によって物質的な豊かさと利便性を享受できる社会、平和で心豊かに人間としての尊厳を持って共生する社会、植物も動物も自然の中の、いのちあるすべてのものと人間が共生する地球をつくるために、新しい知が創造されなければならない。

しかし、知の再構築は、ひとり高等教育だけの問題ではない。その基盤となる幼稚園教育から小学校、中学校、高等学校の教育においても追求されなければならないことである。これまでの我が国の教育は知識中心の教育であった。その問題性については、科学技術革新が進む現代において、知識の陳腐化の問題等から長い間批判されてきた。新しい知の創造・知の再構築は、時を待てない喫緊の課題である。

現行の学習指導要領では、「生きる力」を学力とする教育が答申され実施されている。そうして、今回、さらに、これまで以上に基礎的・基本的内容の定着・実質化を図り、自ら学び自ら考える力としての主体性や自律性、思考力や判断力、表現力などの「生きる力」を学力とする学力観に立つ教育がよりいっそう強力に推進されるようになった。これまでの我が国における知の教育は、知識の教育に偏しており、記憶を中心とする知識の教育であった。知識は知の一側面にすぎない。知は、本来、創造性や感性、思考力や判断力などによって構成される。特に、知識を生きたものにするには関係的・構造的な思考力や総合的な判断力などが必要である。知の教育は心の教育、感性の教育、身体的教育と不可分の関係にある。

知識中心の教育はこれまで、その問題性について度々批判されながら、なお存続している。最大の原因は、受験体制にある。受験では客観性、公平性が保障されねばならないし、知識の量を測る評価はそれを容易にする。大学教育が知識の量を求めているわけではないにも拘わらず、その状況が存続してきたのはそのためである。

知識が生きる力になるには、知識の基盤をなす内実・体験がなければ、知性として作用しない。体験は知の基盤であると同時に、知は実践され実行されて初めてその人の生き方とかかわり意味を持ってくる。しかし、現在の子どもたちには、その内実が形成されていないし、内実をつくる体験活動が欠落している。

真の知は、自然や人間社会との体験的かかわりの中で未知に遭遇して、その問題を究明しようと創造性を働かせて追求し、問題を解決する中で新しい事実を発見して、知見を拡大することにおいて成立する。その過程で子どもは感動し感性を豊かにしていく。このように、知見の拡大は、子どもにとって体験的活動の中で、知的、身体的、感覚的、意志的、理性的な総合力において作用する。そうして、その知見は次の問題解決の有力な力となる。

平成元年の学習指導要領の改定では、その体験の欠如を補おうとして小学校一年生、二年生に「生活科」が設定された。そうして、今回の学習指導要領の改定で創設された「総合的学習の時間」は、子どもの現実世界を対象に展開する体験活動である。科学的理性的自然認識・社会認識の基底には、体験的感性的自然認識・社会認識が不可欠であり、そのために子どもに体験的な認識活動をさせようというのである。かつて、子どもたちは家庭や地域社会で、日常的に自然な形で体験的自然認識や社会認識をしながら成長して、科学的理性的認識の基盤を形成していった。学校教育で、特別にそれをする必要がなかったわけである。

しかし、現在の子どもたちには、それが欠落しており、あえてその活動の機会と場を学校教育に求めなければならなくなったのである。現在の子どもたちは、友だちと集団をつくって自然に触れ人間社会とかかわりながら遊ぶ生活を喪失した。通塾やテレビゲームの遊びなどで、物そのものに直接触れる生活がなくなった。

以前の学校教育においては、教科学習においても、教員は子どもたちが家庭生活や地域社会の生活の中で体験した自然認識や社会認識に立って、授業を設計し実施した。そうして、子どもたちは教科学習で学んだことを生活の中で生かすことによって、さらに自然認識や社会認識を豊かにしていった。しかし、現在の子どもたちには教科学習の基盤となるべき体験活動が欠落している。したがって、教科学習で体験的認識を基盤にして科学的理性的認識をすることも出来なければ、教科学習で学んだことを生活の中に還元していくことも出来ない。ただ上級学校進学のために知識を記憶することに終始して、進学して目的が達成されれば、知識習得の学習をやめてしまうばかりか、習得した知識まで剥落する。

この現状から、今回、新しく学習指導要領が改定され、新しい学力観に立つ総合的学習の時間が設定されたのである。新しい知を創造する人間の教育では、子どもの中に課題が成立し、それを主体的に解決するために創造性を発揮して全力をあげて知的追求をする授業でなくてはならない。そこでは、自ら学び自ら考える活動が実践される。その結果、学ぶ意欲や知的好奇心、探求心や感性が育ち、学び方を習得し、体力が育つ。そのため、学校教育における知の学習は、子どもの自然体験や社会体験、生活体験を基盤に据えて教科や道徳、特別活動や生活科や総合的学習が構造的に編成されなければならない。

現在、IT革命と言われるように、情報通信技術が発達し、これからの生活は情報通信技術を駆使できる能力が求められる。しかも、急速にその生活が一般化しており、その教育が急がれる。しかし、問題はその情報はバーチャル・レアリティー（仮想現実・虚構）である。仮想現実の世界を生きたものにする体験的認識の重要性がますます要求される。

二　新教育課程における学力

新しい知の世紀を開き、新しい知の世紀を生きることの出来る子どもの学力を、新教育課程では「生きる力」としている。現在、子どもたちの間で様々な問題が起こっている。いじめや不登校、校内暴力などによる学級崩壊、そうしてさらに神戸の中学生による児童殺傷事件、青少年による主婦殺傷事件、佐賀のバスジャック殺傷事件、大分県の農村の隣家殺傷事件など次々に凶悪な事件が起こっている。これには様々なことが原因しており、一概に結論づけることは出来ない。しかし、これら犯罪少年に共通に見られることについて、様々な論があるが、中でも小林道雄は

『世界』（岩波書店）の二〇〇一年一月号で「少年事件への視点・感受性の未熟さが非行を招く」という表題で、家庭裁判所の調査官等の証言から、彼らの間に「考える力」が欠如していること、「考える訓練」がなされていないことだと指摘している。また、考えるには感じることが出来なければならないが、それがない。「感じること」がないのは、「暮らし」がなくなっているからだとも言う。これはひとり問題を起こしている子どもたちだけのことではない。現在の子どもたちに共通したことであると言ってもよかろう。

現行教育課程並びに新教育課程の「生きる力」の教育は、体験（暮らし）を基盤にして、主体的に思考し判断し行動して、自己責任のとれる人間、自律性、協調性、感性の育成を目指していることは、この現実を克服する教育である。

すなわち教育課程審議会の答申（平成十年七月二十九日）の前文では、中央教育審議会の第一次答申の前文を論拠として、「生きる力」について、「いかに社会が変化しようと、自分で課題を見つけ、自ら学び、自ら考え、主体的に判断し、行動し、よりよく問題を解決する資質や能力」、「自らを律しつつ、他人とともに協調し、他人を思いやる心、感動する心など、豊かな人間性」、そして、「たくましく生きるための健康や体力」を挙げている。

そうして、小学校・中学校の学習指導要領（平成十年十二月一四日）の「学習指導要領の「第一章総則」の「教育課程編成の一般方針」では「……各学校においては児童（生徒）に生きる力をはぐくむことを目指し、創意工夫を生かし特色のある教育活動を展開する中で、自ら学び自ら考える力の育成を図るとともに、基礎的・基本的な内容の確実な定着を図り、個性を生かす教育の充実に努めなければならない」となっている。

ここには、新しい知の世紀を生きる学力が提示されている。新しい知は単なる知ではなく、基礎的・基本的な内容についての学力であり、その資質や能力を駆使して、問題解決をしていく資質や能力である。自ら学び自ら考え探求する力であり、主体性や創造性、自律性や協調性、思いやりや感動という、理性と知性と感性と人間性と体力とが協働する知であり、その力は全人的な生きる力である。

「生きる力」には、場面、場面や状況、状況によって、学校教育で学んだ力が応用されて、生きてはたらく力としての学力を意味するものと、現代社会を生涯にわたって「生き抜く力」としての学力という意味がある。それは生涯にわたって自ら学び続けて自己実現を遂げていく自己教育力であり、その人の生き方にかかわる学力である。

新しい世紀は激動の時代であり、思いも及ばないようなことが次々に起こることが予想される。そのような激動する社会にあっても、生涯を生き抜いていく力であり、しかも、それは単に「したたかに生き抜く」という意味だけでなく、第五章第二節の「人間存在としての子どもの教育」で言及した意味の「人間として」心豊かに生き抜くという意味の「生きる力」である。

その生き抜く力をそれぞれの学校段階で育成しなければならない。学校教育では、子どもが置かれた状況において、生起した問題を自らの課題とし、的確な状況分析・判断・認識に立って解決方法を探り、総合的判断に立って決断して実際に問題解決し、その体験をとおして資質や能力を育てていくように教育をしなければならない。その課題探求過程で、子どもたちは多面的発想と広い視野に立って、既有の知識や技術、経験を総結集して複眼的思考を駆使して課題解決の方法を発見し、課題解決する力を獲得する。強靭な意志と体力、柔軟な創造性や感性を持って、創造・発見し感動を体験する。友だちと集団的に活動して学ぶ中で協調性が育ち豊かに人間性を陶冶していく。そこで、学ぶ意欲や学び方、知的好奇心や探求心が形成される。新しい知の教育は頭と心と体を総合的に駆使するところに成立する。

われわれは、すでにこれと共通した学力観を斎藤喜博教授学の理論と実践の中に見ることが出来る。斎藤喜博の「島小教育」は、その著『未来につながる学力』、写真集の『未来誕生』『いのちこの美しきもの』(斎藤喜博文・川島浩撮影)が示すように、そうして、大江健三郎が、島小教育について言及した「未来につながる教室」(『厳粛な綱渡り』所収)に見られるように、今を生き、未来を生きる子どもとして「自ら進んで学ぶ楽しさ」、「自分たちで物事を考える充実感」、「一人ひとりのその子らしさの実現」、「人間の美しさ」が追求されている教育の事実を知っている。また、島小教育の教科の授業を中心にした合唱指導や音楽舞踊劇などの表現活動の実践の中にある教育理論や全村教育運動などには、総合的学習が目指す教育と共通したものが実践されている。

生きる力を育てるためには、このような「自ら学ぶ楽しさ」、「自分たちで物事を考える」、「自分らしさの追求」、「人間の美しさの追求」の教育活動が不可欠である。そのためには教育内容を精選して、基礎的・基本的内容の学力を定着させ、課題探求解決の学習活動を初めとする、このような教育活動を組織しなければならない。基礎的・基本的内容は、すべての子どもが人間として等しく身につけるべき学力である。子どもは今を生きる中で学び、未来を生きるために学ぶためには、その学習や生き方に即した基礎的・基本的学力が必要である。学校教育においては、学校・学年に応じた基礎的・基本的内容が設定されている。

基礎的・基本的な内容の学力に、子どもの発達段階に応じてそれに相応しい内容があるということは、基礎的・基本的内容は重層構造を持っているということであり、これまで習得されて基礎的・基本的学力が新しい基礎的・基本的学力を獲得する際に基礎的・基本的学力として、生きてはたらき転移する学力となる。したがって、教育課程編成においては、当然基礎的・基本的学力は重層構造化されていなければならない。

また、基礎的・基本的内容は「自分で課題を見つけ、自ら学び、自ら考え、主体的に判断し、行動し、よりよく問題を解決する」ために駆使される「生きてはたらく」学力としての機能を持っており、「自ら学び自ら考え……問題解決をする」ための基礎・基本でもある。もっと言えば、学び、考え、判断し、行動し、問題解決するための能力も重層構造化された資質や能力があり、その意味では基礎・基本はここにおいても成立する。

北尾倫彦は、『基礎・基本を身につける』(東洋館出版一六頁)で、基礎・基本の狭義として、「知識、技能、考え方、態度」をあげ、広義として、「それらをも含めて、思考力、判断力、表現力、意欲、意志、学習の仕方、態度、価値観、生き方」をあげている。

知識についてもバラバラな知識ではなく体系化され構造化されたものであるとき、生きてはたらく学力となる。本来、新しい知見の獲得は知識の構造を変革することにおいて意味を持つ。思考力についても同様で、関係的思考がなされるように構造化されていなければならない。

人間の価値観を形成するモラリティや社会規範、社会性にも、発達段階に応じてすべての子どもが身につけておかなければならない基礎的・基本的内容があるはずである。それが現在の子どもの中に十分形成されていないために、いじめや校内暴力、学級崩壊などの様々な問題を引き起こしていることもまた事実である。

自分の周辺の問題や人類的課題を自分の課題として主体的に問題解決することは、すべての人間が共通に引き受けなければならないことであり、その社会的責任性の問題と社会規範や社会ルール、価値観の基礎・基本を繋げて考えることの出来る関係的思考、構造的思考等の基礎的・基本的内容も追求されなければならないことである。

昭和六十二年の教育課程審議会の答申で基準改善は「国民として必要とされる基礎的・基本的な内容を重視し、個性を生かす教育の充実を図ること」を一項目付け加えている。これを受けて現行の学習指導要領並びに今回の学習指導要領に基づく新教育課程が編成されているが、これによれば、すべての者が共通に習得しなければならない基礎的・基本的内容と個性を活かす教育は、一見相反するように考えられがちであるが、基礎的・基本的内容の資質や能力の中にも個性があると考えるべきである。それぞれの得意とするもの（教科や領域・分野）を個性と考える向きもあるが、それも一つの「個性」と言えるかもしれない。しかし、同じ領域や分野を専門としていても、人によってその領域や分野で個性的な才能を発揮する。それがその人の個性であると考えたい。例えば、ピアニストたちの間で同じ曲を弾いても、弾く人によって演奏の仕方が違っていてそれぞれ豊かな個性的な演奏をする。ピアノを演奏する者には、すべての者が習得しなければならないバイエルやチェルニーなどの基礎的・基本的内容がある。この場合、基礎的・基本的内容の定着の教育と個性教育は矛盾しないし、相反するものではない。子どもに好きなこと、得意なことだけをさせることが個性教育ではない。ちなみに個性は英語でIndividualityであり、inは否定でdivideは分けるの意味であり、これ以上divideされないもの、分けられないものの意である。すなわち個人の持つこれ以上削り取れない、その人の固有性と言う意味である。

基礎的・基本的な学力の定着次第では、好きなことや得意とする領域や分野が違ってくることが多い。担任された教員の得意分野が、子どもの得意な教科を左右することが多いことが物語るように、「上手なことが好きなこと」、「出来ることが好きなこと」が多い。個性はそれぞれの「好きなこと」「出来ること」に現れる場合が多い。したがって、すべての子どもに全体的・総合的な基礎・基本を定着させ、その中から好きな教科・得意な教科、得意とする領域や分野を決定させるべきである。たまたま担任された教員の得意分野に刺激されて、子どもの得意な教科や領域・分野が決まることが多いが、これは、ある一面では子どもにとっては不幸であり悲劇である。

三　新教育課程と学力低下論

現在、新教育課程の実施に当たって、学力低下を問題にする論がある。それには何を学力とするかによって、学力の有無が決まってくる。一般的に現在見られるものに、知識を一方的に教え込み、知識の量を学力とする学力観に立ったもので、新教育課程で学校五日制完全実施からくる授業時間の減少や教育内容の精選・程度の引き下げなどによる学力低下論がある。現在、新学習指導要領の生きた力の学力観についての問題というよりも、旧来の学力観に立つ授業時間数の削減や教育内容の精選、程度の引き下げについてである。新しい学力観に立つ教育内容の議論からではない。

現行の教育課程並びに新教育課程では、旧来の知識の記憶中心の学力から生きる力としての学力観へ質的転換が図られているのである。両者の学力観に立って、学力の妥当性について、子どもが生きている現代社会、これから生きる未来社会という観点から、そのいずれが有効であり意味を持つ学力であるかを検討しなければならない。そうすれば、現代社会及び未来社会を生きる子どもにとって、知識中心の学力観に立つ教育では機能しないことは明白である。どんなに多くの内容を多くの時間をとって教え込んでも、それが理解されなかったり、理解出来ても生きてはたらく力にならなければ意味のないことである。子どもが現在を生き、未来を生きる学力として「生きる力」を設定し、その学力を定着させるに相応しい教育課程であるかどうかという観点で批判すべきである。

多くの子どもたちが、知識の量のみを問題にする学力観に忌避反応を起こして、落ちこぼれたり、学びから逃走している現実がある。その彼らにとって、いずれの学力観に立つ学力並びにその学力を育成する教育課程が有効であるかが、その当否を決める。しかも、学習指導要領は最低基準である。すべての子どもに最低でもこれだけの学力を習熟定着させようとするもので、理解度の早い子どもにはそれ以上の内容を学習させ学力を定着させればよいことである。現在、落ちこぼれている子どもたちや学びから逃走する子どもたちの問題も、理解度の早い子どもの問題も解決出来ることになる。旧来の知識中心の学力観においても、現在、すでに学力低下が起こっている。現在の学校の現状では学力低下するとして通塾が一般化したり、落ちこぼれや学びから逃走する児童や生徒が増えている。大学生で小学校の算数の計算が出来ない学生があるなど低学力の指摘があり、知識記憶中心の学力観に立つ教育課程において授業時間が減少し、教育内容の程度が引き下げられるとなれば、学力低下を懸念するのは当然である。

現在における学力低下の原因の第一は、子どもたちにとって学ぶことの意義が明確に意識されていないことである。今を生き、未来を生きるために、なぜこのことを学ばなければならないのか、子どもに納得されていないことである。ただ試験に出るからだとか、進学のためにということで勉強させられている。したがって、進学という目的が達成されれば学ぶことを止める。そればかりか、それまで習得した知識としての学力までも剥落する。大学生の知識としての学力の剥落現象の一つが先に上げた算数の学力に象徴されている。もちろん、学ぶ意義を有用性だけで捉えているのではない。有用性や人間性の教育であれば、子どもは学ぶことの意味を理解し、学ぶ意欲を起こし学ぶ喜びを持つ。新教育課程はその教育を目指しているのである。

学力低下の原因の第二は、上級学校進学の受験体制の教育にある。その一は正答主義の教育である。正答を出すには様々な考え方による様々な方法や過程があるにも拘わらず、結果としての正答だけを求める評価をしていることである。現代社会が求める学力は結果よりも結果に至る過程であり、過程で出されるものの見方や考え方、感じ方である。その二は、厳しい受験競争によって受験科目しか勉強しない状況があることである。大学によっては一科目、二科目しか受験科目を課さない大学がある。十八歳人口の減少によって、さらに試験科目を減らす大学が増えることが予想される。進学志望者の中には、受験科目しか勉強しない者が多い。しかも、志願する大学を特定して高校生時代だけではなく小学生の高学年や中学生の頃からすでにその科目だけしか勉強しない。受験科目以外の他の教科の学力が低いのは当然である。そのために、大学に入学して低学力のために補習授業を余儀なくされたり、社会に出て低学力のために企業や官庁などで特別に学習をしなければならない状況が起こっている。

大学に入学することだけが目的ではない。子どもは激動する現代社会、近未来社会を生涯にわたって生き抜いていかなければならない。大学で何を学ぶのか、そのために高等学校や中学校、小学校で何を学び、どんな能力や資質を体得しておかなければならないかを考えて学力の定着を図るべきである。受験体制の勝利者であっても、このような問題を抱えているのであるから、早期に受験競争に見切りをつけた者の中には受験勉強はもちろんのこと、普通の授業においても学ぶことを放棄して、学ぶことから逃走している者がおり、その低学力や惨憺たるものである。

第三の原因に、我が国では、小学生としての学力が不十分なまま中学校に進み、中学生や高校生としての学力がないまま卒業していることである。アメリカの一部の州では出口の学力調査を実施している。子どもが生涯を生きていくことを考えるなら、時代を生きる力をつけて卒業させることは必須な条件であり、そのためには資格試験的な制度の導入も検討しなければならない。

複雑な激動する社会を生きる本人のために、国の将来のために検討しなければならないことである。少子化が進み大学の容量が進学者を上まわれば、高等学校の学力不十分なまま大学に進学することも起こり得る。低学力の問題は、児童・生徒や学生個人にとって重大な問題であり、国にとっても存亡にかかわる国家的問題でもある。

「入るのは安く出にくい大学」についての議論があるが、大学審議会では、「成績評価基準の明示と厳格な成績評価」を答申しており、それと併せてファカルティ・デヴェロップメントなどで、学生に実力をつけて社会に送り出そうとする大学が増えている。また国立大学が大学入試センター試験で五教科、七科目を原則として課すとしたのも、大学の社会的責任からである。

これまでの知識を一方的に教え込む知識中心の学力から、新教育課程では、現代及びこれからの時代を生き抜く学力を定着させるために教育内容を精選しようというのである。そうすれば教育内容は削減されたとしても、生きる力としての学力は定着して学力は保障される。旧来の知識中心の学力観では、知識の量は増加するが、それも受験という行為が終われば用済みとなり、獲得された学力は剥落する。厳しい受験競争を勝ち抜いた大学生ほど剥落現象が著しいという。

したがって、知識中心の詰め込みの学力観に立って教育するのであれば、新教育課程では授業時間が減少し教育内容が削減されるわけで、時代を生きる新しい力としての生きる力の学力は、もちろん期待出来ないし、知識中心の学力も低下する。新教育課程においても、取り扱い次第では学力の低下が起こる。教員の資質や能力に俟つところが大きい。

しかも、最近では、子どもたちの間に体験活動が減少して、以前に比べて、ますます体験を伴わない知識の教育になっている。しかも、情報化が進み、バーチャル・レアリティー（仮想現実・虚構）を真実の世界と思い込む状況が進行している。最近の青少年の犯罪行動にその傾向が現れている。徹底した学力観の転換を図り、体験に裏打ちされた知の教育を追求していかなければならない。

四 「ゆとり」の教育の問題

生きる力の学力についても、教育課程の編成次第では学力は低下する。特に総合的学習の時間の指導の在り方次第では、新しい活動であるがゆえに、低学力化が起こり得る。もうすでに、移行期間の現在において、総合的学習の時間についての教員の理解度によっては、大きな格差が起こっている。中には教員の理解不足から学力低下に繋がりかねないような指導の実際が見られる。中でも総合的学習の時間における追求課題の選択と追求過程における「ゆとり」の問題である。

「ゆとり」については、取り扱い次第では同様な問題が起こる。知識を詰め込む教育では、無駄なものを省き短時間に効率的に学習しなければならない。その学力観に立てば、自然体験や社会体験、生活体験をさせたり、知恵を働かせて課題探求・問題解決させてることなど「無駄」なことであるとされてきた。しかし、新しい学力としての生きる力を育てる教育では、自然と触れ合い自然を科学し、歴史や伝統に支えられている地域社会の仕組みや制度などについて様々な社会体験をしながら社会を科学し、生活体験に立って課題探求・問題解決をさせ、人間の生き方について体験的に追求させなければならいないし、その教育では、「ゆとり」が不可欠である。様々な視点から多面的・構造的に思考して既有する知識や技術、経験を総結集して解決の方法を探り解決していくには、時間的・精神的「ゆとり」が必要である。心にゆとりがなければユニークな発想も生まれない。心のゆとりには時間的ゆとりが不可欠である。また発見や創造した事実に感動する場を保障するなら、時間的ゆとりが必要である。また、学校教育では、科学的探求発見の方法論を身につけていかなければならないが、課題探求活動には試行錯誤が伴う。試行錯誤の末に科学的探求の方法が体得される場合が少なくない。それにはそれが可能な「ゆとり」がなければならない。「ゆとり」は目標ではなく、あくまでも目標達成のための手段である。

ところが「ゆとり」が一人歩きをして世の批判の対象になっている。「ゆとり」教育とか、「楽しい学習」と称して、ただおもしろ、おかしく、遊ばせておく教育活動だと誤解して実践する教員がおり、それを取り上げて批判する人たちがいる。教員の中には、学習活動の目的や目標に応じたカリキュラムも指導計画も持たず、したがって、その活動のための「ゆとり」を持たせる指導の意味も吟味せずに、内容のない、遊ばせるだけの活動をさせている者がいる。

知的課題探求活動には、ある程度の厳しさや苦しさが伴う。その厳しさや苦しさの中に追求する楽しさや喜びがあり、課題解決の結果として発見・創造の喜びがあり楽しさがある。子どもを恣意的衝動の赴くままに勝手放題に活動させていては、真の楽しさも喜びも持たせることは出来ないし、学力はもちろん育たない。特に総合的学習の時間の活動には十分な「ゆとり」が不可欠であるが、しっかりした授業目標や活動計画を持たなければ、単なる「遊び」に終始して学力の低下が起こる。

第二節　教育課程の編成

一　子ども像と教育課程の構造化

教育課程は、子どもが人間として生きるためにあるもので子どもの発達を促すものとして編成され、子どもが人間として今を生き、未来社会を生きていくことの出来る資質や能力を育てるものとして編成されなくてはならない。したがって、教育課程は、子どもの発達段階に即し子どもの論理に立つものであり、子どもが生きる現代社会の明確な認識と未来社会を展望して、その社会が要求する資質や能力を育てることの出来るものでなくてはならない。また、教育が学術文化を継承する機能を果たすためには教科の論理に立って構造化されなければならない。

ところで、子どもの発達の論理は時代の変化に関係なく不変であろうか。そうではあるまい。時代は変化している。それに対応して子どもの発達の論理や様態も変わっているはずである。その子どもの発達の論理に立たなくてはならない。また、教科の論理も不変ではない。教科の基盤をなす親学問が発達し、親学問の体系が変化している。また学際的になっている。そうであれば、当然、教科の論理も新しい論理に立って理解されなければならない。しかも、教材は、何よりも子どもが人間を生きられる教材でなければならない。

教育課程は育成すべき子ども像に立って構造的に編成されなければならない。これは当然のことであるが、現実は、必ずしも十分になされているとは言えない。小学校の場合は学級担任制であり、学級の子ども像を持ってそれを達成するために教育課程の編成が吟味され、ある程度それがなされていると思われるが、小学校でも、実際は必ずしもそうではない。まして、教科担任制の中学校や高等学校においては、教科担任の教員それぞれがバラバラで、目指す生徒像が明確でない。そのために、教科間の関係が不十分で、教科間の関連性が見られず、学校全体はもちろん学年・学級・教科でも構造化されていない。なるほど校長室や職員室には額に入った子ども像ないしは生徒像が掲げられているが、形式的で、それを目指して構造的に教育課程が編成されている学校や学級は極めて稀である。

特に、問題は大学の教育課程である。大学教育においても現代社会、未来社会を生きる人間像としての学生像を描き、目指すべき教育理念や目標を立てて、それを達成するための教育課程を編成しなければならないはずである。しかし、現実はそうなっていない。大学が高等教育機関であるなら、学ぶ学生の発達を促すものでなければならない。学術文化の継承・発展をさせることにあるなら、教育課程は学生の能力や資質の発達状態と発達の論理に立ち、学問の構造に立って構造的に編成されなければならない。しかし、現実はそうではない。ほとんどの大学が教育理念や建学の精神は、そっちのけにして、授業科目間に関連性も体系もなく授業科目を設定して、その授業科目をバイキング方式で学生に履修させたり、大学教員の専門とする学問体系に立って授業科目を立てて履修させている現状がある。いずれも、教育課程として関連性や順序性も顧慮されず構造的に編成されていないし、学生も構造的に履修していない。医師教育のように専門的職業人の育成を目指す大学でも、そのための教育課程は設定していても、その大学の教育理念や建学の精神を追求する教育課程ではない。

大学は高等教育機関でありながら、研究機関としての機能は果たしてきたが、高等教育をする意思もなければ、したがって、理念も目標も、それを有効に実施する教育課程を持っていないし、その教育方法も検討されていない。ようやくにして、ファカルティ・デベロップメントが問題になり、第三者評価による教育課程編成や教育方法が問題にされるようになって、最近、各大学で、そのことが取り上げられるようになった。

教員養成について言えば、現在、ほとんどの国・公・私立大学が教職課程を持ち教員免許を取得させているが、それぞれの大学に養成しようとする明確な教員像があるかと言えば、その発想すら見られない。教員像も持たず、教職免許法に則って授業科目を設定しているだけである。教職免許法に則らなければならないことはもちろんであるが、大学は養成すべき教員像を明確に持ち、そのような能力や資質を持った教員を育成するためのカリキュラムがなければならないはずであるが、そのような大学は皆無と言ってもよい。そのようにして教員養成をしている大学の教職課程の講義で、幼・小・中・高等学校、養護学校の教育課程編成論の講義をしているわけで、そのこと自体矛盾していると言わねばならない。ちなみに、筆者が委員として関与した文部省の教育職員養成審議会の第三次答申では、養成すべき教員像とそれを達成する組織や教育課程、施設・設備や教員人事が問題にされ、その重要性が強調されていることをここに付加しておく。医師教育でも同様で、国家試験に合格するための専門的職業人の教育のための教育課程はあるが、大学固有の理念やポリシーに立って実践する医師教育の教育課程を持つ大学は少ない。

翻って小学校、中学校、高等学校の教育課程について言えば、前述したように学校の教育理念のもとに構造化され各教科間の関連性が企図されていなければならない。特に、新しく設定された「総合的学習の時間」では、学校教育の全体構造の中での位置づけを明確にして、教科や道徳、特別活動と「総合的学習の時間」との関係の中で、その活動が学校の教育目標に収斂していくように組織化され体系化されていなければならない。

二　子どもの事実に立つ教育課程編成

教育は、眼前にいる子どもの可能性を開き、子ども一人ひとりを、現状よりもよりよく生きる者とするためになす営みである。したがって、対象とする子どもを十分理解していなければ教育は成立しない。今を生き、未来を生きる子どもの教育のためには、現代社会を分析し未来社会を展望して教育課程を編成するとともに、その社会に生きる子ども一人ひとりについて具体的に理解して教育課程を編成しなければならない。教科や道徳、特別活動、生活科、総合的学習の時間などの、それぞれの活動に関する学校教育や地域における子どもの実態について理解するとともに、それらの活動間の関連性や総合性を考えた教育課程の編成がなされなければならない。

例えば、学校教育における最も時間を費やす日常的にして具体的な教育活動である授業について言えば、授業では子どもを知らなければ授業目標は立てられないし、その目標を達成するための教材を選択することも出来ない。これは当たり前のことであるが、実際は「子どもの実態」と言いながら、一般論としての子ども理解で終わっている場合が多い。子ども一般、小学生一般、学年・学級の子ども一般では、一人ひとりの子どもに学習が成立する授業は出来ない。今日の、この時間の、この教材で授業をする子ども一人ひとりの事実に立って授業が計画され実施されなければ、一人ひとりの子どもの学習を成立させる授業は組織出来ない。

また、子どもたちには学校生活においてばかりか、地域を生きる生活がある。したがって、学校教育における発達段階についてばかりでなく、子どもたちが、地域でどのような生活や経験をし、その中でどのような考え方や意識が形成され思考様式や行動の仕方がつくられているかを、教材に関連づけて把握していなければ、子どもの事実に立つ教育課程は編成出来ないし授業は組織出来ない。そのために子どもが生きる授業をつくり出すことは出来ない。

特に、総合的学習の時間においては、すべての教科や道徳、特別活動等における子ども一人ひとりの発達についての事実認識と、家庭や地域社会における子ども一人ひとりの具体的な生活体験についての事実認識をしていなければ、教育課程は編成出来ないし、授業を計画・実施することは出来ない。

今日の子どもは、昨日の子どもではない。昨日の子どもの延長線上にあっても、今日の子どもは今日の子でしかない。子どもは連続的に発達するばかりか不連続的に発達をする。むしろ、不連続に発達することによって人間的に成長することが多い。その不連続な発達も連続的な発達を基盤にして初めて可能である。発達における不連続性を重要視すべきである。また、教科や教材、活動内容によって、子どもの様態は違ってくる。その様態に対応した教育課程を編成し、授業を実施するとき、その授業や活動において、子どもは存在感を実感し自己の存在証明を得ることが出来る。子どもはすべて他と違う、今の、この自分を見て欲しい、理解して欲しいと訴えている。

第三節　生きる力を育てる総合的学習

一　総合的学習の目指すもの

新教育課程における「総合的な学習の時間」の創設の趣旨について教育課程審議会答申では「各学校が地域や学校の実態に応じて創意工夫を生かして教育活動を展開」して、「社会の変化に主体的に対応できる資質や能力を育成するために教科の枠を超えて」、全人的な力としての「生きる力」を育成するために創設したとされている。その「ねらい」として、同審議会答申では「各学校の創意工夫を生かした横断的・総合的な学習や児童生徒の興味・関心等に基づく学習などを通じて、自ら課題を見つけ、自ら学び、自ら考え、主体的に判断し、よりよく問題を解決する資質や能力を育てることにある。また、情報の集め方、調べ方、まとめ方、報告や発表・討論の仕方などの学び方やものの考え方を身に付けること、問題の解決や探求活動に主体的、創造的に取り組む態度を育成すること、自己の生き方についての自覚を深めることも大きなねらいの一つとしてあげられよう。」とある。

つまり、子ども一人ひとりが現実世界で起こっている問題を自覚的に捉えて自己の課題とし、その課題解決に主体的に取り組み、教科や道徳、特別活動などの学校教育や家庭や地域での活動などで習得した知識や技術、資質や能力のすべてを結集して解決することの出来る人間の教育である。現実世界の問題を課題化して解決する人間の教育の延長線上には、人類的・国民的課題に主体的に取り組むことの出来る世界市民として生きる生き方の教育が構想されている。

新教育課程では人間としての生き方の教育が構想されており、総合的学習の時間は、その実践がなされる。「自己の生き方についての自覚」というのは、その意味でもある。しかも、観念としての生き方ではなく実際に問題解決のための課題探求活動が実施されるわけで、そこでは、子どもと教員が自己の存在を賭け、自分の力の総力をあげて課題解決する探求活動でなければならない。したがって、その追究し発見・創造する過程で、創造性や協調性が生まれ、発見し感動することによって感性が育つ。そこで課題解決のための方法論や探求能力や主体的・創造的態度が育成される。特に、総合的な学習では、子どもの体験活動が基盤となるとともに、その活動そのものが体験的活動であり、そこでは、実践的な「情報の集め方、調べ方、まとめ方、報告や発表、討論の仕方などの学び方やものの考え方」が体得される。これらはこれからの時代を生きていく中でもっとも重要な資質や能力であり、知識中心の教育に欠落している部分である。

その学習活動の形態は、それぞれの学校が児童生徒の実態に立って創意・工夫によって、横断的に、総合的に活動が組織され、展開されるべきものとされている。しかし、活動内容の例示では「国際理解、情報、環境、福祉・健康」が上がっている。これはあくまで、例示であり、これに限定されるものではないが、これらはすべて人類的・国民的課題である。地域の状況や子どもの置かれた状況等を考察して学校の創意工夫によってなされる。学校裁量ということになってはいるが、それはどんな問題を課題としてもよいという意味ではないであろう。ここでは、教員の現代社会に対する課題意識や地域についての状況認識が問われ、育てようとする子ども像とそれを実現しようとする、教員の熱い思念と願いが問われてくる。

二　共生する子どもを育てる総合的学習

今や人類の危機、人間の危機的状況が起こり、共生しなければその生存すらも危ぶまれる。特に、我が国においては、現在、子どもたちの間に病理現象とも思われる様々な問題行動が起こっている。これには社会的閉塞感や社会倫理の低下など多様なことが原因しているであろう。その一つは、戦前・戦中の全体主義教育の反省から、戦後、個の重視の教育が叫ばれたが、実際は真の個を重視した教育というよりも個人の生活のための「個人主義的利己性追求の教育」であったし、その教育によると思われる。勉強するのはすべて自分の将来のためであり、有名学校へ進学しようと勉強するのも自分のためであり、有名企業へ就職しようと勉強するのも自分のためである。そうして、会社に入れば権力欲・支配欲を充足させ、自分の家庭の経済生活を豊かにするために誰よりも早く昇進しようと懸命になる。これらはすべて自分のためのみの学びであり、他者のために自分を生きる教育、あるいは他者と共に生きる教育ではなかった。

その個人主義的利己性追求の教育が、「人に迷惑を掛けない子ども」の教育となり、そのことが逆に「他人に迷惑を掛けなければ、どんなことをしてもよい」という風潮を生んだ。他人に迷惑を掛けることは、もちろん、問題であるが、他人に迷惑を掛けさえしなければどんなことをしてもよいという意識もまた問題である。「援助交際」を注意すると、「私の勝手でしょう」、「他人に迷惑を掛けているわけではないのになぜ悪い」と反論される。世界中に多くの人が飢餓で苦しんでいるということを知りながら、多くの食べ物を何のためらいもなく残して心が痛まない。誰に迷惑を掛けるわけではないと考えるからである。

しかし、反対にそのことが結果的には迷惑を掛けることを許さない社会をつくる。弱さを持つ者は他者に助けて貰わねば生きていけないわけである。迷惑を掛けなければならない者は、堂々と迷惑を掛ければよい。そのことを誰も迷惑と思わない社会をつくらなければならない。否、人はすべて他者に助けて貰わねば生きていけない。人は誰でも弱さを持ち、助け合わなければ生きられない存在である。外見的にどんな強いと思われる人でも内面的には弱さを持ち苦しみながら生きている。どんな元気な人でも高齢になれば障害を持つ。弱さを弱さとして受け入れ合い、助け合うところに、真の人間の生がある。そこから共生が始まる。

ある日の朝日新聞にユダヤの「もし私がしなければ誰がするだろうか。今、しないなら、何時、それをすべきであろうか。もし、私が自分自身だけのためにそれをするのなら、私とは一体何であろうか」という言葉が紹介されていた。現代の人類的・国民国家的課題を克服するには共生しなければならない。自分のために生きるだけでなく、他者のためにも生きる者でなくてはならない。もっと言えば、自分を生かし他者のために生きる共生でなくてはならない。

なるほど、戦争中は「滅私奉公」の軍国主義教育、超国家主義教育が唱導された。戦後は、その反省に立って、個を重視する教育が進められたが、結果的には個の生活を豊かにするためだけの個人主義的利己性追求の教育となってしまった。自分を殺して公に仕える教育は問題であるが、現代の人類的・国民国家的課題を考えるとき、自分を生かし他者を生かす生き方やその教育が、今、求められている。

しかし、私は若者を信じたい。日本海のナホトカ号の重油汚染事件では、全国からボランティアが集まり、人海戦術でドラム罐三十万本の重油を柄杓で掬い取って日本海を元の海に蘇らせた。そのボランティアの中に多くの若者たちがいた。記憶に間違いがなければ、七割が若者であった。また、阪神大震災の時にも多くの若者たちが、ボランティアとして、救援活動に全国から参加した。地震は、確か午前五時過ぎに起きたと記憶しているが、その当日大分大学では阪神大震災の被害者への献血に、在籍学生約五千人中、千数百人の学生が応じた。五台の献血車は、朝早くから日が暮れてもなおエンジンの音を響かせていた。また、大分大学では数年前から夏休みを利用してデカン高原に植樹に行く学生たちのグループがある。その地域の人と一緒になって生活をし、植樹をするのである。

このような例は枚挙に暇がない。若者たちはその場と機会が与えられれば、彼らは熱いハートを持ち、想像以上にその力量を発揮する。その場や機会を与えてこなかったわれわれ大人がむしろ責められるべきである。総合的学習の時間はそのハートを育て、その思いが実現できるような能力や資質を育てようとするものである。青少年に熱い熱情があっても育てなければ発現できないし、それを実行に移せる能力や技術や方法論を持っていなければ実現できない。

二十世紀が大国支配の世紀、欧米主導の世紀であったとするなら、二十一世紀は国の大小にかかわらず、アジア、アフリカ、オセアニアを含めた全世界の世紀でなければならない。国を越え民族を越え、人種、職業、年齢、性を越えて、相互に理解し尊敬し合い共生する世紀にしなくてはならない。総合的学習の時間はそのためにもある。

また、共生とは人間同士の共生だけではない。自然の中の花も草も木も、獣も昆虫も鳥も魚も、「いのち」あるすべてのものとの共生である。共生することの第一の原則は自分のために、人間のために相手を手段として扱ってはならないということである。相手を自分と同様に「いのち」あるものとして畏敬することである。近代合理主義や自然科学の方法論が行き詰まりを来たした最大の問題は、人間の生活を豊かにするために自然を手段として支配し征服し収奪することであり、それに自然科学が利用されたことだと言ってもよい。人間のその不遜さが環境破壊などを惹き起こし、今、自然からしっぺ返しを受けている。人間は命を維持する食事のために動植物の

「いのち」を貫わなければ生きていけない存在である。しかし、現在、森林破壊や海洋汚染などによって必要以上に他の物のいのちを奪い破壊しており、それはまさに犯罪的である。

総合的学習の時間は、「国際理解」、「情報」、「環境」や「福祉・健康」が例示としてあげられている。人間の生き方にかかわる活動である。

三　個の確立、自分の思想・文化をつくる

個を持つものだけが、真に他者とかかわることが出来る。共生は自分を持つもの同士において成立する。ところが、最近の青少年の中には群れていなければ精神的安定感を持てない者が多い。しかし、精神的安定だけのために群れているのではない。群れていなければ仲間外れにされ、いじめの対象になる。親友としてではなく単なる仲間として付き合い、群れる。地べタリアンになって群れ、携帯電話で用事もないのに交信しなければ精神的安定が得られないために交信する。それらは根底においては共通的である。

また、人生について考えたり悩んだりすることをしない。そうすることは「カッコ悪い」こと、「ダサイ」こととされ、たとえ人生について考えたりするにしても、他者の前では、それをしようとはしないのである。人生とは何か、人生、如何に生きるべきかを真剣に考えることは、すべての者がなすべきごく当たり前のことであり、推奨されなければならないことであり、特に思春期の青少年期においてはそうでなくてはならないが、それを他者に知られると揶揄され批判の対

象となる。

そのような青少年の社会を変えなければならない。深く沈潜して孤独になって自分の生き方を追求し、自分を律し、自己を鍛冶する教育がなされなければならない。愚直に、ひたむきに生きる者が貴ばれる学校社会をつくらなければならない。それが駄目なら、少なくとも、そのような生き方が批判・非難の対象にされない学校づくりがなされなければならない。

自分を持つことは他とのかかわりの中で成立する。人は状況の中で認識し判断し自己決定して行動するわけであるが、現在、問題行動を起こした青少年には状況の中にあって自分の行動を判断して行為するということが見られない。あるのは自分だけである。被害者のことなど全く考えない。

生きる力の教育は、個の確立の教育であり自己実現の教育である。人間は生涯にわたって学び、個を確立することによって自己実現を遂げていかなくてはならない。他者との真の交流は自分の思想や文化を持たなければ成り立たない。国際化・情報化する中で、個を持つ人間同士にあって初めて交流・共生が生まれる。また、個の確立は、相手の考えを的確に捉え自分の考えや意見を出して他者と意見を出し合い、共に学び合い、共に生きることをとおして自らを鍛冶していく中でなされていく。つまり、共生する中で自己確立を遂げていく。国際社会、情報社会にあっては、個の確立は不可欠である。現代はどこでどのような仕事をしようと、どんな職業に就こうとすべて国際的なかかわりを持たねば仕事は出来ない。また、情報社会にあっては、国の内外とリアルタイムで交信・交流することが出来る。情報通信技術が革命的に進行する現代、交信・交流をしなければ生活することさえ出来ない状況が加速度的に進行している。

　したがって、現代社会を生きる人間には、異文化を理解し受け入れることの出来る資質や能力が不可欠である。自分を持つ者が他者を理解し受け入れることが出来るわけで、交信・交流する技術はそこで生きてくる。そのためには、如何にして子どもたちに自分の思想を持たせ文化を持たせ、そのことによって、他の国の文化を尊敬し受け入れる者とならせるかが課題である。端的に言って、それには子どもたちに自分の国や地域、家庭の歴史や文化や伝統に対して誇りを持たせることである。そうして直接的、間接的に、実際に他の国の人とのかかわりを持たせることである。

　情報社会、国際社会を生きるためには、グローバルな視点に立って情報通信技術を駆使して他者とかかわらなければならない。国際的共通語の活用能力はもちろん、他者の意見を正しく理解し、自分の考えや思想を的確に表現出来る能力が必要である。それには論理的に根拠を持って、自分の考えや思想を相手に伝えて、相手の考えや思想を的確に理解するという相互理解の能力が要求される。

　しかし、そのためには相手に伝えるべき考えや思想を持たなければ表現することが出来ないし、相手の考えや思想を理解することも出来ない。現在、ともすれば、情報通信技術や国際的共通語のみが強調されがちであるが、それはあくまでもコミュニケイションの手段であり、ツールである。伝えるべき自分の考えや思想がなければ、コミュニケイションは成立しない。コミュニケイションは、相手と自分の意見や考え方、もっと言えば思想との対立・止揚の弁証法によって成立し、展開していく。

しかも、真の文化交流は相互に理解し合い、相互に尊敬し合うことによって生まれる。真の相互理解は、豊かな思想とそれを表現出来る論理的表現力に加えて、その人の品性が問われてくる。品位や品格は、自分の文化を持っているかどうかに深くかかわる。国際社会は思想や文化を持った人間同士のかかわりから生まれる。国連の難民高等弁務官の緒方貞子氏が、テレビのインタヴューで国際的な人間について語っている中で、国際人は語学力や時に応じた国際感覚を持った状況判断が必要であるが、究極的には「つつましさ」である。悲しいかな、最近の日本人の中にその「つつましさ」についての思念が失われていることだと述べているのを聞いた。その「つつましさ」は人間の品性からくるものであろう。品性の教育が問われるところである。

したがって、現代社会を生きるということは、自分の思想や自分の文化を持ち、個を確立して他者と共生することである。他者との共生は直接的には生の人間とのかかわりにおいて成立するが、学校教育においては保育や授業では、教材とのかかわりをとおして自然に出会い、自然を畏敬し人間に出会い人間を知り、共生する者となる基礎が培われる。

授業で教材に触れ保育や読書で物語や書物に触れるということは、そこに登場する他者の生き方に出会い、もう一つの生き方と対話するということである。それはまた、その生き方に出会って自分の中に潜在しているもう一つの自分に出会うことである。

総合的学習の時間では、子どもたちが実際に自然とかかわり、人間社会とかかわる中で、自然に対する人間の在り方や社会の仕組み・制度をつくってきた人間の知恵に触れさせ、あるいは人間の弱さや悲しさ、愚かさと、それを克服してきた人間の強さに出会わせることで、その子の思想や文化をつくっていくことである。

四　教科学習と総合的学習

われわれの生活はもともと総合的である。学校教育では、それを便宜的に各教科に分けて操作的に教育しているわけである。子どもたちの平常の生活は、国語、算数、理科、社会科などの全教科が横断的に総合化されて機能する。学校教育では、それを教科として取り出して操作的に組織化して教育しているに過ぎない。

したがって、教科の学習では、子どもたちの実生活の間で生起している事柄を視座において教育して、教科学習で学習した知識や技術、能力・資質を生活に還元していくことによって実質化させるというのが教科学習における授業本来のあり方である。しかし、現実には、いつの間にか子どもの生活から遊離した教科の学習になっていたり、生活に還元されず、したがって、実践的資質や能力として育成されないまま子どもたちは、消化不良を起こしている。その問題を解決するために教科、道徳、特別活動を横断的に統合して活動する場として設定されたのが総合的学習の時間である。

これまでは教科学習では、子どもは本来的に自然現象やその自然現象に対する人間の在り方や人間がつくり出した社会制度や社会の仕組みなどの社会事象や人間の生き方、その歴史などを教材として、そこに内包されている人間のものの見方や考え方、感じ方に出会わせ、それらと対立・止揚させることによって、新しい自然認識や社会認識、世界認識、人間理解の仕方を獲得していくものとされてきた。具体的には教材と出会わせることによって、子どもの中に課題が生まれ、それを解決するために創意・工夫して、課題を解決し、そのことによって新しい知見を獲得する。その探求過程で探求の方法論を獲得し、主体性や創造性を体得し発見・創造する喜びや感動を体験して感性を豊かにしていくものとされていた。道徳や特別活動では、そこで育成された能力や資質を駆使して実践的活動をし、特別活動はそれに加えて集団的に組織的に問題解決する活動を実践してきた。そこでは相互媒介的に、相乗的に教科での学習が生かされると同時に道徳や特別活動によって、教科の時間が充実してくるとして実施されてきた。しかし、それが不十分で徹底されなかった。

新教育課程では、新しく総合的学習の時間が設定された。この活動では、子どもが現実生活の中で未知なるものに遭遇して、そこで起こっている問題と真正面から対峙し向かい合い、その問題を子ども自身の問題として課題化させて主体的に解決させる。問題解決には、教科の枠を超えて教科学習や道徳、特別活動で育成された知識や技術、創造性や感性の総力を駆使して実践的に問題解決する。そこでは、体験的活動が中心になる。教科学習では間接的な人間との出会いが多いが、この学習では自然体験・社会体験・生活体験をさせながら、その中で現実生活における課題に直面させ課題探求・解決を図らせることを特色とする。教科の中で育成された多面的・複眼的な思考や創造性や意志力や感性が、実践的な体験活動によって、さらに強靭な意志と身体的活動とが協働してより豊になる。その追求過程は知的・意志的・情操的・身体的活動である。

この活動によって、子どもの中に自発性・自主性や主体性が生まれるが、それは教員の指導があって初めて可能である。子どもは、本来、自主的・主体的ではあるが、それは引き出されて初めて開花する。それを引き出し育てるのが専門職としての教員である。子どもの自主性・自発性・主体性を尊重するとして、何も手立ても持たず指導もせずに放任している教員がいる。そこから出てくる活動は恣意的活動であっても、真の自主的・自発的・主体的活動ではない。

総合的活動においては、あくまでも実際に問題が解決することが目的であり、その結果として教科学習で育成された問題解決が実践的問題解決能力となり主体的態度として体得されていくのである。しかし、実践的問題解決能力を育てることを目的として活動を組織することには慎重でなくてはならない。もしそのように考えて学習させる場合、ともすれば、子どもは操作され、やらされる学習になってしまう。このような操作主義がこれまでどれほど子どもの心を傷つけてきたか、計りしれない。子どもは感覚的に操作主義を見抜く。

教科学習と総合的な学習の関係について言えば、子どもは現実生活で問題に遭遇したとき、教科学習で習得した知識や技術や方法論、資質や能力のすべてを駆使して事に当たる。したがって、反対に、たとえ子どもが現実生活の中で問題に出会っても、教科指導において問題を自分の問題として課題化させ主体的に探求・解決の方法論を持っていなければ、問題が起こっても問題として捉えることも出来なければ、追究し解決することも出来ない。教科学習で習得した知識や技術、課題探求発見能力・態度は、総合的学習における実際の問題を解決する武器であり、手段である。

しかも、それらの武器や手段は総合的に駆使されて実際の問題解決に作用する。

したがって、教科学習で探求的力や解決能力が育成されたとしても、それが現実の生活の中で問題解決の武器として機能し実践化されなければ、生きる力として身についたものにはならない。生活の中で実際に問題解決することによって教科で学習したことが実践的に検証される。そのことによって、逆に教科学習が強化される。総合的学習と教科の学習は相互に補完し合う関係である。教育課程審議会が両者の関係を「知の総合化、知の実践化」と称した所以である。

第四節　教育課程と教員の資質

一　教育課程と教育評価

教育課程審議会から、「児童生徒の学習と教育課程の実施状況の評価の在り方について」（平成十二年十二月四日）が答申され、これまでの集団内における「相対評価」から、児童生徒の学習達成度を評価する「絶対評価」に大きく変わる。これについて大きな変化として答申が高く評価され期待されている。ただ問題は、評価の在り方やその客観性や困難性についてである。

しかし、考えて見れば、児童生徒に対して絶対評価をしない授業などあり得ない。もっと言えば、授業は絶対評価の連続である。授業とは教員の仮説の検証過程であると言われる。教員が学級の一人ひとりの子どもについて、授業で取り扱う教材にかかわる子ども一人ひとりの学力を絶対評価して、どのような授業展開や指導によれば、どのような資質や能力の学力を持った子どもに変えることが出来るかを考えて授業する。つまり、子どもの学習のレディネスについての把握であり、それは絶対評価による。それには教員の教材の解釈力と子どもの学習のレディネスについての評価力が問われてくる。教材解釈力が低ければ、たとえ優れた教材であってもその価値が分からないし、したがって、その教材にかかわる子どもの学習のレディネスを的確に捉えることは出来ないし、子どもを変え高めることは出来ない。授業前に絶対評価で仮説を立て授業過程で絶対評価で仮説の是非を検証し、授業の後に絶対評価で仮説を検証するのが授業である。

また、学校の教育課程編成の在り方についての評価がなされなければならない。答申によれば、子どもに対する絶対評価だけではなく、その正当性を評価すべきであることが答申された。新教育課程において「評価」のことが審議され、子どもに対する評価の在り方についてはもちろん、指導と評価の一体化ということから、学校評価、教員評価の在り方が問題になっている。そうして特に学校並びに教員の教育課程編成についての評価の実施が答申された。同審議会では子どもの実態や地域の実態を的確に把握してそれに応じた教育課程が編成され教育活動が適切に計画実施されたかどうか自己点検・自己評価をし、保護者や地域の人々に説明し理解と協力を求めて開かれた学校づくりを推進することが勧められている。

審議会の答申に学校に対して教育課程についての自己点検・自己評価と社会的説明責任が盛り

込まれたことは画期的なことである。

二　教育課程編成と教員の資質

子どもは今を生き未来を生きる存在であり、教育課程は子どものその生をつくり出すためにある。教員は、子どもが生きている現代社会を分析し的確に状況認識して、今を生きられる教育課程を編成するとともに、やがて子どもが生きる未来社会を展望して教育課程を編成しなければならない。子ども一人ひとりにどのような自然認識、社会認識、世界認識の出来る資質や能力を体得させれば、子どもが現代社会及び未来社会を職業人として、市民として、人間を生きていくことが出来るかを考えて、教育課程を編成し教材を選択しなければならない。

「教科書に載っている教材だから教える」という主体性のなさは、子どもに対し無責任である。子どもが生きる現代社会は、激動する複雑で閉塞感が支配する極めて生きづらい社会である。その社会を生きる力を育てる教育課程の編成は容易ではない。まして、これから子どもが生きる二十一世紀の未来社会は、二十世紀の現代社会の延長線上にある社会ではない。未来社会は、想像も出来ない激動する社会になるであろう。

しかし、今を生きる子どもの教育を創造することなしには、未来を生きる教育を創ることは出来ないと考える。教員は、子どもが現実の自然や社会を生きることをとおして、自然を科学し社会を科学し人間を生きて、その過程で人間を理解させ、学術文化を継承・創造・発展させる担い手とするための教育課程を編成し、教材を選ばなければならない。

そのためには、学校が立地する自然や地域の人々が創造し継承してきた地域の歴史や伝統や年中行事、それによって形成された村民性や市民性などの地域性に立ち、その地域性によって形成された子ども理解に立って、教育しなければならない。

最近の地域研究では「地域」の中に「小宇宙」を見るとする考え方がなされるようになった。「全体における個」という方向から、最近では「個別性の中に普遍性をみる」という研究の方法論が是認されるようになった。ちなみに大分大学の地域研究は、「地域を動かす教育研究は世界を動かす」というコンセプトである。地域を生きる者が世界を生きることが出来ると考える。

教員は地域に根差した教育、地域を生きる子どもを育てる教育課程の編成をしなければならない。どこにでもあるような無国籍の教育では、国際化社会を生きる人間の教育は不可能である。グローバリゼイションの教育は、ローカリティの教育において初めて可能である。したがって、教員には地域社会を分析し教育課程を編成することが求められる。教員に学級の子どもたちが、家庭や地域社会や学校で草花や小動物などのどのような自然に触れ遊び、どのような人間社会に生きているか、その中でどのような生活体験や学習体験をしているか、地域の自然や社会、そこに生きる人間について、今、何を知り、何が分かり、何が出来るか、欠落しているものは何かということが把握出来なければ、地域に立ち子どもの事実に立つ教育課程は編成出来ない。学習のレディネスを把握し、子どもの論理に立たなければ、子どもの発達を可能にする授業は組織出来ない。そのための教育課程の編成は出来ないし教材は選択出来ない。

特に新教育課程で導入された総合的学習の時間においては、教員にはその資質能力が不可欠である。総合的学習の時間では、子どもが現実に生きている地域性に立ち、これから生きる現代社会・未来社会を認識・展望して、子どもの学習のレディネスや発達の論理を分析してカリキュラム開発をし、教材を選び、子どもの持てる知識や経験、資質や能力を総結集して課題解決・問題解決をする授業を展開させていかなくてはならない。

しかし、多くの教員たちが「総合的学習の時間」の導入に周章狼狽しているようである。総合的学習の時間の公開研究会はどこも大人気である。しかし、「総合的学習の時間」が導入されなくても、地域性に立ち子どもの学習のレディネスに即した本来的授業をしているのであれば、教科学習の中で、当然そのような授業をしてきたはずである。そうであれば「総合的学習の時間」の導入にそれほど困惑することはないはずである。教科の学習で本来的授業をしている教員であれば、そんなに困難なく総合的学習の時間で、子どもが生きる現代社会・未来社会を認識・展望し、現在、子どもが生きて生活している地域性に根差した授業を展開して生きる力を育てる力量を持っているはずである。

教材の価値が判断出来なければ、子どもを変革する教材選択は出来ない。そして、教材解釈には教材自体が持つ価値の解釈とともに、教育しようとする子どもの発達の論理に立つ解釈と教科の論理に立つ解釈がなされなければ教育課程は編成出来ないし、子どもが人間を生きられる授業、自然を科学し社会を科学し人間を探求する授業は組織出来ない。

以上のように、教員は現代社会を分析し未来社会を展望するとともに、自然を科学し人間社会を科学し人間を探求する探求的力量を持たなければならない。ちなみに第二次大戦後教員養成が大学でなされるようになった最大の理由は、単なる教育技術者としての教員の養成ではなく、研究者的能力を持った教員養成が国民から要請されたからである。

〈参考文献〉

1　小林道雄『世界』二〇〇一年一月号「少年事件への視点・感受性の未熟さが非行を招く」（岩波書店）

2　斎藤喜博『未来につながる学力』（『斎藤喜博全集別巻1』（国土社）

3　斎藤喜博解説・川島浩撮影『写真集・未来誕生』（一莖書房）『いのちこの美しきもの』（筑摩書房）

4　大江健三郎『厳粛な綱渡り』「未来につながる教室」（講談社文芸文庫）

5　北尾倫彦『基礎・基本を身につける』（東洋館出版）一九九二年。

6　野村新「絶対評価のない授業は成立しない―指導と評価の一体化―」『文部科学時報』三月号

7　児島邦宏『総合的学習』（ぎょうせい）一九九八年。

第七章　子どもが生きる授業

第一節　教員は授業の専門家である

一　授業でこそ子どもは生きる

学校においては、授業でこそ子どもは生きる。否、授業でこそ子どもを生きさせなければならない。学校にあって教員は、それを可能にする授業の専門家であり授業のプロである。子どもが生きられる授業をつくる専門家でなければ、教員にその存在価値はない。国民、とりわけ子どもの保護者は、教員に授業の専門家として期待して子どもを学校に送り教育を委ねている。もちろん、教員は授業だけしていればよいというのではない。「授業でこそ子どもは生きる」という意味は、教員が本来的な授業をすれば「子どもは生きる」という意味である。本来的授業は、子どもが自己存在証明の出来る存在感のある授業である。学校では、そのような本来的授業を中核として道徳や特別活動、生活科、総合的学習の時間などによって子どもは生きる。もっと言えば、本来的授業が出来ない者には、それらの活動の指導も、生徒指導も十分出来ないと言ってよい。

子どもが問題を起こせば、授業をそっちのけにして生徒指導に走る教員がおり、学校や教育委員会がある。生徒指導も重要な教員の仕事であるが、授業をいい加減にして生徒指導に奔走しても、学習の成立する授業をつくり出して人間としての生きる力を育てなくては、子どもの心を育て、子どもに自ら問題状況を克服させることは出来ない。学校教育において、子どもは人間を生きたいと願い欲している。授業は学校教育の中でもっとも長時間を占める中心的な教育活動である。教員たる者は、学校教育においては授業を外にしてはどこも、子どもが人間を生きることが出来る場はないという自覚に立って授業を創造しなければならない。

子どもは授業の中で、教材をとおして人間が創り出した文化に出会い、人間に出会い、究極的には自分に出会う。その授業で子どもは自分を生き、自己の存在証明を持つ。教員はそのような授業の出来る専門家でなくてはならない。

平成十一年に教職免許法が改正されたが、新教職免許法が目指している教員は、第一次答申の「養成段階で修得すべき『最小限必要な資質能力』」として「『採用当初から学級や教科を担任しつつ、教科指導、生徒指導等の職務に著しい支障が生じることなく実践できる能力』」を持つ教員である。つまり新米教員でも「最小限」子どもの前に立てる実践力のある教員である。そのため教職専門科目を増やし、中学校教員免許では、教育実習の現行三週間を五週間にした。事前・事後は同じ一週間であるが、学校教育実習は二週間のところが四週間に倍増されたわけである。専門職としての教員を養成するには当然の措置である。

教員は生涯にわたって研修を重ねて専門家としての資質・能力を向上させなければならないことはもちろんであるが、新教職免許法では、新米教員でも何とか授業を成立させることが出来て、その教員によって子どもの可能性が開かれ、伸長されるのでなければならないとされた。

新米教員に担任された子どもたちにとって、その教員がその後の研修によってどんな優れた資質・能力を持った教員に成長しようとも、それは何ら関係のないことであり、子どもたちにとっての問題は、担任された教員が、その時、何とか授業が出来る能力を持った教員であるかどうか、自分の可能性を豊かに開いてくれる教員であるかどうかということである。

また、新米教員自身にとっても、教員として授業の出来る最小限の資質や能力を持たないために、為す術も手立てもなくたじろぎ、子どもの前に立ち往生し立ち尽くすようなことがあっては、子どもにとっては、もちろん、その教員にとっても不幸であり悲劇である。否、現実にそのような教員が少なからずおり、新教職免許法では、そのためにも「最小限」子どもの前に立てる実践力のある教員養成を目指したのである。

九州教育学会において「二十一世紀を展望して教育の現状と未来を考える」というテーマでシンポジュウムがあり、筆者は「教師の視点から……教師・学校はどうあるべきか」の観点からの提案を指名された。筆者が教育職員養成審議会の委員であり、審議会から「新たな時代に向けた教員養成の改善方策について」（第一次答申）が出されたということもあって、提案者の一人に選ばれたのであった。会員の中の質問者・発言者の意見の多くは、「教員はその職にあって研修を重ねてすぐれた教員になるのであって、大学での教員養成は必ずしも十分でなくてよい」というのであった。
しかし、答申・新教職免許法でも養成段階で「十分に」とはされてはいないし、「十分」など出来るものではない。「最小限」子どもの前に立てる実践力を持つ教員となっているのである。それにも拘わらず、発言者の反対論は、そのような内容のものが多かったのである。もちろん、それに対して、シンポジストとして私は、教員養成は子どもの論理、新任教員の立場に立つべきであるとして実践力のある教員養成を目指す新教職免許法の理論を展開した。問題は、子どもの論理に立つか、教員や学校の論理に立つかによって、その正当性の正否が明らかになる。自分が大学で教えた学生が教員になって現場で困り果てている姿を思い浮かべるなら、どのような改革をすべきか自ずと答えが出てくるし、新教職免許法に反対するというよりも、むしろ賛成論を展開するはずである。

子どものための教員であり学校であるべきであり、その教員を養成するのが大学である。ところが、いつの間にか論理が逆転して、教員のための子ども、学校のための子どもという論理になっている。大学のための教員養成制度ではないし、大学経営のための教員養成であってはならない。教育職員養成審議会では、終始子どもの論理に立って議論をして答申を出したのである。

学会では、答申に対する多くの教育学者からの賛成意見を期待していたが、意外にも厳しい反対論を出したのは教職科目担当者の教育学者たちからであった。新教職免許法では担当時間が増えて研究が出来ないとか、教職専門科目の担当教員を何人か増やして雇用しなければならないとか、子どもの論理ではなく、教員の論理、大学経営の論理に立つ意見であり、表面上は理屈をつけてはいるが、内容は意味不明であり、その論理には矛盾があった。

次に、教員の研修について言おう。教員研修は不可欠である。教員は教育公務員特例法で研修が義務づけられて、その機会が保障されているように、教員であるかぎり生涯にわたって研修を続けなければならない。そうでなければ創造的教育は出来ない。しかし、これまでのように行政当局が立案実施する一方的な講義形式の研修会には限界がある。答申でも、子どもの事実に立った校内研修の重要性が提案されており、その研修の在り方の一つとして、オン・ザ・ジョブ・トレイニングが例示されている。かつては、校内で日常的に先輩教員から、オン・ザ・ジョブ・トレイニングをされていた。最近では、校内研修でもこの方式が見られなくなった。それに対して会社や企業などではむしろ積極的に活用されている。「最小限」の実践力を持つ教員に、豊かな資質や能力をつけるためにはオン・ザ・ジョブ・トレイニング方式は不可欠であり、特に授業においては有効である。しかも、それをトレイニングする側の教員も、それによって豊かな資質や能力を体得していくわけで、相互に教員としての資質・能力を向上させる方式である。

二　新学力観・生きる力を育てる授業

新学習指導要領では、新しい時代を生きる学力として「生きる力」を設定した。中央教育審議会の第一次答申によれば、「いかに社会が変化しようと、自分で課題を見つけ、自ら学び、自ら考え、主体的に判断し、行動し、よりよく問題を解決する資質や能力」とされている。激動する時代であり、子どもたちがこれから生きる社会はますます変化する。その状況にあって「いかに社会が変化しようとも」生き抜く力が「生きる力」である。

そうして、その生きる力としての具体的な学力は「自分で課題を見つけ、自ら学び、自ら考え、主体的に判断し、行動し、よりよく問題を解決する資質や能力である。問題が自分の周辺にあっても、それが自分の課題として自覚に捉えられなければ課題とはなり得ない。課題化出来るためには、状況分析、総合的判断が必要であり、それには情報収集が必要であり、「学び、考え、判断し、行動し」なければならない。そうして、課題を解決するために問題解決能力が要求される。

問題解決には、これまでの経験や習得したすべての知識を総動員して、問題解決の方法を探り推論し、その可能性が予測出来たときに、実際に行動によって問題解決に当たる。そのことによって問題解決の資質や能力が育ち、その経験や問題解決した知識が次に生起する問題の解決に生きて働く力となる。問題解決過程では知的好奇心や集中力や洞察力が要求され、豊かな創造性や感性、探求力や追求力が育つ。問題解決の方法の発見や問題解決には豊かな感動が伴う。そこに新しい知の世界を開く者の喜びがある。その意味で「生きる力」は「いかなる社会をも生き抜く力」であるとともに、「生きて働く力」でもある。

ところで、再び言う。「自分で課題を見つけ、自ら学び、自ら考え、主体的に判断し……」を論拠に、子どもの自主性・主体性の重視であるとして、教員は手を出すべきでないと「支援」の名の下に放任して何も指導しない教員がいる。そうして、その行為を推奨する指導主事がいる。自主性と恣意性の区別がつかない教員である。困ったものである。

子どもの周辺に問題が起こっていても、それを自らの課題として捉えることの出来ない子どもたちには、課題とすることが出来るような条件整備や方法・手立てを考えて実践するのが、学校教育の専門家である教員である。そうして、子どもが自ら課題を解決するためにいろいろと情報を集め、分析し、「考え」、「判断」出来るように、教員は条件整備をしたり助言・指導をしたりしなければならない。子どもは実に豊かである。教員の条件整備や指導・助言が適切であれば教員の予想を遥かに越えて「自分で課題を見つけ、自ら学び、自ら考え、主体的に判断し、行動」することが出来る。授業においては、教材を媒介にして自ら課題化出来る子どもを育て特別活動や生活科、総合的学習の時間では実践的に課題化出来る子どもの教育を進めなければならない。

自主性や主体性は、強制の中では育たないと同様に放任の中ではもちろん育たない。恣意性に任せて放任しておれば、わがままで、ずるがしこい、こましゃくれた粗野な子どもになりかねない。伸ばすべき指導があって、初めて自主性や主体性は育ち伸びるのである。「幼稚園教育要領や小学校学習指導要領では、自主性・主体性の尊重とされている」ということで、「指導」はしてはならない、「支援」でなければならないとして、指導すべきことであるにも拘わらず、放任してきた幼稚園や小学校が少なくない。現在、小学校で座って人の話も聞けず寝転がったり、大声を出して立ち歩いたりする子どもが増えるなど小学校低学年から学級崩壊が起こっているのは、そのことと無関係ではない。

また、新学力観は知識を否定しているわけではない。知識の量のみを重要視することには反対しているが、問題解決のために必要な生きて働く力としての知識は重視しているのである。誤解してはならない。前述したように問題解決は既有の知識や経験を総動員して情報を収集して分析・判断してなされる。知識や経験を問題解決のために駆使出来るかどうかが生きる力としての学力であり、それには知識が構造化されていなければならない。バラバラな知識では問題解決は不可能だからである。授業においても、課題探求過程では、子どもはこれまで習得した知識や経験を結集し駆使して問題の解決に当たる。そこで、「自ら考え、主体的に判断する」構造的・関係的思考力や総合的な判断力が形成される。

知識はまた、体験に裏打ちされたものが必要である。体験によって得られた知識があって体験を伴わない知識も生きてくる。問題は、最近の子どもの生活の中に体験して得る知識が極めて乏しくなっていることである。家庭や地域社会や学校における自然体験、社会体験、生活体験が少なくなっている。「第六章人間学的教育課程論」で述べたように、理性的科学的自然認識や社会認識が出来るためには、その基盤に体験的自然認識・社会認識が不可欠である。体験的認識が欠如しているために、小学校低学年に生活科が設定された。そうして、今回の新学習指導要領では「総合的学習の時間」が設定されるのである。

したがって、生活科や総合的学習の時間をどのように学校教育の中に位置付けるかによって、子どもの学力の定着が左右される。子どもが楽しく活動するからということだけで、無目的に遊ばせるようなことをしてはならない。一人ひとりの子どもの現状に立って目的を明確にし、その時間の目標に沿った指導がなければ学力の定着は望めない。「はい回る経験主義」の轍を踏まないためにも、展望をもって構造的に課題発見・問題解決能力の育成がなされなければならない。

そのためには構造化された生活科の時間や総合的学習の時間の設定が必要である。

子どもが「自分で課題を見つけ、自ら学び、自ら考え、主体的に判断し、行動し、よりよく問題を解決する」には、その資質や能力が育成されなければならない。その資質や能力を育成するのは、まず第一に授業においてであろう。教科の授業の中で、子どもが主体的に教材の本質を追究するために、教員は子どもに課題を与える。授業展開の核として幾つかの課題を設定して授業を構成する。そうして子どもに主体性が育つように、授業形態や発問などの授業方法を工夫して課題追究・解決をさせていく。そのことによって、子どもの中に自分で課題を見つけ課題探求能力が育成されていく。教員の設定した課題に対して課題追求する中で、子どもの中から教員が予想もしなかったような豊かな深い教材解釈をした意見が出されてくることがある。深い豊かな教材解釈をしている教員の授業にそれが多く見られる。というのは、そのような教員は子どもが出してくる意見に、たとえ語彙が不十分であったり論理的には曖昧さがあっても、深い教材解釈をしているがゆえに、その発想の面白さやその内容の豊かさを見抜くことが出来る。そうして、その意見の取り上げ方も他の子どもに理解されるように、その子が言わんとするところを洞察して学級全体に広げたり、他の子どもの意見と結び付けたりして授業を組織することが出来る。そのため他の子どもたちもその意見に触発されたり刺激されたりして豊かな考え方を次々に出してくる。そうして学級全体で教材の本質に迫っていく。

このように一見教員中心の授業のように思われる授業でも授業展開の仕方によっては、子どもたちに課題化出来る資質や能力、課題探求の資質や能力を育てることが出来る。その過程では

「自ら考え、自ら学び、主体的に判断し、問題解決する」ことの出来る子どもとして育成される。

　このような授業を展開するには、子どもの発達が促進されて子どもが人間を生きられるような教材が選ばれ、時間をかけてじっくりと追求させなければならない。そのためにはある程度の「ゆとり」がなければならない。しかし、問題は「ゆとり」が一人歩きして、子どもに何もさせずに居させることを「ゆとりの教育」と考えている教員がいる。「ゆとり」は「自分で課題を見つけ、自ら学び、自ら考え、主体的に判断し、行動し、よりよく問題を解決する」ための手段である。それが自己目的化して、何もしない「ゆとり教育」では学力が低下するのは当然である。学力低下の問題は、学力観の問題だけではなく、実践する教員の学力についての理解不足によるものと、「支援」や「ゆとり」などの指導観にも問題がある場合が多い。

第二節　授業の本質

一　学習と授業

　学習とは、新しい知を開くことであり、授業を創造する専門家としての教員は、子どもの知を開く授業を組織し展開出来なければならない。そのためには、学習とはどのような作用であるか、子どもに学習が成立する授業とはどのような授業を言うのか、授業の本質は何か、本来的授業の在り方はどうあるべきか等の検討が必要である。

人間は様々なかかわりの中で学習する。子どもは遊ぶ中で学び、生活する中で学習する。乳幼児にとっては、ある意味で生活のすべてが学習であると言ってもよい。親や兄弟・姉妹とかかわり、友だちとかかわり、自然や社会の制度や仕組みとかかわって、様々な発見をして喜び、驚き、悲しみ、学習する。乳幼児の成長はすべて学習と言ってもよいほどである。新しい場面に出くわしたとき、頭と心と体を使って考え試行錯誤しながら、新しい知を開き成長する。

少し成長してくると、子どもたちは自然体験や社会体験、生活体験のように直接的に人や物や事態・状況に直面して学ぶ。また書物や新聞やテレビから学び、人の話を聞いて間接的に現象や事象、事物や事柄に触れて学ぶ。

いずれにしても、学びは自分と異質な対象とのかかわりにおいて成立する。対象が自分とは異質であるがゆえに、対象に興味を持ち揺さぶりを受けショックを感じて対象とかかわろうとする。そこで対象と対立し、より高い次元のかかわり方、捉え方、認識の仕方を探り、そこで学習が成立する。その過程をわれわれは対立・止揚の弁証法的発展（Aufheben）と呼ぶ。それが学習するということの基本である。

学習には対象について知るという単なる知識の習得もあれば、対象である自然や社会の制度や仕組みに触れ、書物を読み人の話を聞いて、自然現象に対する人々のかかわり方や社会の諸制度や仕組み、文化や歴史をつくった人々や、あるいは、書物を書いた人々のものの見方や考え方・

感じ方に触れて対立・止揚して、自分のものの見方や考え方や感じ方が高次なものに変革されるという学びがある。

前者の知識の習得という場合でも、ばらばらに知識の量を拡大するのであれば、単なる物知りになるだけである。関係的に知識を習得するのであれば、それによって知識の構造が変革・拡大していくわけで、知識を習得する前の自分と知識を習得した後の自分とは変わっているはずである。

後者の考え方について言えば、書物や講演などの人の話には、その基盤にその人のものの見方や考え方、感じ方、つまり認識の構造や思考様式、価値の体系や思想の体系があり、それによって形成された話者や著者の世界観や社会観、人間観が内包されている。そうして、それを読んだり聞いたりする読者や聴者の側にも、稚拙かどうかの優劣は別にして、同様に認識の構造や思考様式、価値の体系、思想の体系があり、自然観や社会観、世界観や人間観がある。読者や聴者は、書物や講演の内容と自分のそれとを対立・止揚させて弁証法的に止揚して、より高い次元のものの見方や考え方、感じ方へと発展的に変革させていく。「うん、そうか。」、「だって……」、「でも……」、「なるほど……」と肯定したり、否定したり、反論しながら、自己内対話をして価値の体系、思想体系を変革していく。それによって自然観や社会観、世界観や人間観が変革され、様々なことに対する価値観が変革され拡大していく。

したがって、書物を著わしたり講演をしたりするということは、著者や講演者にとっては、自分の思想や世界観、社会観、人間観などの価値観を公表することであり、自ら裸身を晒すことである。著作活動する者は、身を削って読者からの批判を受けながら自己変革していくのであり、他方、読書するということは、自然観や社会観、世界観、人間観において自分と内面的に対立・葛藤し、自己否定をし自己を変革していくことである。それと同様に、自然現象や社会制度や仕組み、社会文化や生活文化などの社会事象と学習者との関係も同様である。

授業において教員は、子どもと教材とが対立・止揚出来るように組織的・計画的に展開させる媒介者である。斎藤喜博が、授業は教材を媒介にした教師と子どもとの緊張関係の中で成立するというのが、それである。学習者と自然現象や社会事象との関係は二者とが直接的にかかわり、そこで対立・止揚をする。また、書物や講演などでは著者や講演者と読者や聴衆である学習者との間に直接に対立・止揚が起こる。それに対して、授業では、教員が子どもと教材との間を仲立ちして、子どもが教材と対立・葛藤し止揚して弁証法的により高次なものの見方や考え方、感じ方を獲得していくように手助けをして、自己変革・拡大を遂げていくようにする。それによって子どもの中に「自分で課題を見つけ、自ら学び、自ら考え、主体的に判断し、行動し、よりよく問題を解決する資質や能力」が育成される。

授業で対立・止揚が起こるためには、教材の価値と教材についての子どもの解釈が教員に理解出来ていなければならない。教員はその理解に立って、どのように授業を組織すれば子どもと教材、子どもと教員、子どもと子どもの間に対立・葛藤が起こり、より高い次元の解釈へと止揚させることが出来るかを洞察して授業を設計し実施しなければならない。しかも、これには、子どもも一人ひとりについての理解が必要である。一般論としての子ども理解ではなく教材にくっついた子どもの教材解釈能力についての深い理解がなければ、子ども一人ひとりに学習の成立する授業は組織出来ない。

したがって、教員の教材解釈力と子ども理解の深さが授業の質を決定する。教員はそれによって、子どもをより高い次元のものの見方や考え方、感じ方の出来る子どもにするために授業目標を設定し、授業展開の角度と課題とすべき授業の核を決定する。そこから授業設計が始まり、授業の構成・演出が構想される。授業の方法や発問などの在り方が決定する。そうして、授業を実施すると子どもの中には教員の発問に触発されて、教師を凌ぐような新しい教材解釈をもつことが起こることもある。授業は教材を媒介にして子どもと教師の教材解釈をめぐる相互変革過程であるということが出来る。

二　子どもが生きられる教材

学校教育における知の教育の中心は、教科学習や生活科や総合学習の時間の授業である。前述したように、学習には必ず媒介物が必要である。人間は無の中で学ぶことは出来ない。周囲に散在する自然現象や社会事象、実際生活や書物の中で接する人間の生き方やあるいは人類が創造し継承した文化財等、必ず媒介物をとおして学ぶ。その媒介物となるものが、学校教育においては教材である。したがって、知の教育において、どのような教材を媒介にして授業をするか、その教材についての価値をどう捉えるかによって、子どもの知の求め方や学び方、それによる知の育ちの在り方が決まってくる。

教材は自然現象や社会事象など子どもが直接的に接するもの、テレビや新聞や書物のように間接的に接するものがあるが、子どもが育つ教材は子どもの周辺には無限に存在する。それをとおして子どもたちは人間の営みや生き方を学んでいく。教科書に掲載されている教材は、それらの中から精選し体系化して組織的に教育するために編集されたものである。教材は人類発生以来、人間の自然に対するかかわり方や人間が創ってきた社会システムや社会制度、学術や教育・文化、人間の歴史などの中から子どもが人間を生きることが出来るものとして精選されたものであり、また次の世代に伝達して継承・発展させるもの（文化財）として選択されたものである。

子どもが人間を生きることが出来る教材は、人間のありようが描かれていなければならない。そうでなければ、子どもは感覚的にそれを受け付けない。人間として生きられないからである。例えば、民話や昔話、童話等小さな子どもを対象にした物語でも、それが読み継がれ、語り継がれてきたものの中には、そこに登場する王様や王子や子どもなどの人間においてばかりでなく、魔法使いや妖精や鬼や鬼ばさ、妖怪や化け物の中に人間が共有する人間性が潜在している。例えば恐ろしいもの、怖いものがよく登場するグリム童話が多くの国の多くの子どもたちに長い間読まれてきたのも、それには人間が共有するものを内包しているからである。子どもを対象にした読み物でも、われわれ大人が読んで感動するのは、その中に自分が共有する人間性が潜んでいるからであり、読むごとにそれをとおして新しい自分に出会うからである。

三　子どもと教材の世界に分け入る

授業は、子どもが今を生き未来を生きるためのものでなければならない。授業では、今を生きることをとおして、未来を生きる力が育てられなければならない。もっと言えば今を生きる者だけが未来を生きることが出来る。今を生きることをとおして可能性が開かれ発達が促進されていくように教材が選ばれ授業が組織されなければならない。今を犠牲にしては未来はないし、今日を犠牲にして明日はない。

したがって、子どもの資質や能力を育成する手段として教材を位置づけることには問題がある。授業において教材は、資質や能力の育成より、子どもが人間を生きられるかどうかが問題である。何よりもまずは教材に出会わせ、教材の世界に分け入れさせて教材の世界に遊び教材の世界を生きさせることを優先すべきである。そうすれば、その過程で、結果的には教師が目指す資質や能力は習得される。そのためには教員自身も教材の世界を生きて子どもと一緒に教材の世界を生きる者とならなければならない。

もちろん、現代は情報社会であり、知識爆発の時代であり、習得した知識・技術の急速な陳腐化が起こる時代にあっては、知識の獲得よりも知識を習得する方法こそ優先させるべきだとする考え方は、そのまま肯定出来るし、学び方を学ばせる教育は究めて重要である。しかし、教材を学力を形成する手段として位置づけると、場合によっては、子どもと教材とが対立し敵対関係をなして、教材が子どもにとって魅力のないものになってしまうことがある。教材は子どもにとって生きる糧でありたい。子どもが教材の世界に遊び、教材の世界を生きることで、その結果として、子どもが教材の価値を発見し、新しいものの見方や考え方、感じ方、学び方を習得し、その追求の方法論を獲得して、学ぶ喜び発見する楽しさや感動を持つものとして位置づけたい。探求力や学び方などが形成されるものとして関係づけたい。そうすることによって、教材が子どもにとって掛け替えのない存在となり、人生を生きる糧となる。幼児期に知った童話でもその内容を追求し続けることによって、人は新しい自分に出会う。それはまさにその人にとっては生きる糧である。自然現象や社会事象、人間の生き方にかかわる教材は、そのように生涯にわたって追求する価値のあるものである。

しかし、方法論の習得を目的として教材を追求させるならば、例えば、国語の授業で読解力をつけることを目的として、教材の文章について「文章構造」や「接続詞の機能」、「指示代名詞の指示内容」を問う授業になってしまう。それでは、たとえ読解力はついたとしても、味気ない理屈っぽい授業になり、その結果、子どもたちはその教材が嫌いになるばかりか、国語という教科そのものまで嫌悪する教科嫌いが出来ても不思議ではない。否、事実、そのようなことが起こっている。これでは楽しくもなければ、おもしろくもない。胸を躍らせ、心をときめかすようなこともない。

「走れメロス」の授業であれば、メロスと一緒に、子どもを走らせればよいではないか。メロスは様々な困難に出会い、自分の身代わりになった友だちとの約束を反故にしても、そのために非難されないような事態が生じて、一時は途中で友への裏切りの心が頭をもたげそうになる。そのメロスの葛藤・苦闘を子どもたちと一緒に追体験すればよいではないか。そうして、その過程で知的追求の方法論を獲得させればよい。そうすれば、胸がときめき躍り内面的に葛藤・苦悩し、成人しても「走れメロス」解釈が続き、死ぬまでも追求が続くであろう。

斎藤喜博においては、まさにそのような授業であった。子どもたちと一緒に教材の世界に遊び、子どもたちと教材の本質追求をしながら、結果的には、子どもたちに教材追求力がついている授業であった。それは教材の世界に遊ぶ過程、教材の本質を追求する過程そのものが教材の本質を追求する方法論であるからである。方法論がなければ教材の本質追求は出来ないからである。

最近、ディベイトの教育が注目されるようになった。現在、我が国の子どもには討論することが出来ないからである。討論すべき内容がなければ討論しようにも出来ないが、思想内容があっても、討論する教育や訓練がなされていなければ、その資質や能力、技術は身につかない。日本人にはそれが欠落している。それに対して諸外国では個を主張し過ぎると批判があるくらいに、自分を主張して討論をする。ドイツでは、ギムナジュウムの卒業資格で大学入学資格であるアビトウアでは討論能力が評価の大きな比重を占める。そのためギムナジュウムの授業は討論形式で進む。現代は国際化の時代である。これからどこでどのような仕事をしようとも、外国の人々との交渉する。それには討論の能力が不可欠である。それに対して、我が国の子どもの現状は全く悲惨である。そのためにもディベイトの技術を持たせる教育が必要である。そのようなことから、ディベイトが多くの学校で導入されている。

ただ問題は、ディベイト重視によって、教材の本質を追求すべき授業までも、ディベイト能力を育てる授業をしようとしている。ディベイト能力を育成することを目的とする授業である。そこではディベイト能力はついても教材の価値に迫ることが出来ないまま終わりかねない。読解力をつけさせることを目指す授業であれば、別に人間が描かれている教材でなくても読解力はつけられる。読解力を養うに適した教材であればよいことである。ディベイト能力を育てる授業にはそれに適した教材があるはずである。もちろん、教材の本質追求を目的としながら、学び方を体得させ、討論する能力を育てることは出来る。斎藤喜博の授業では、教材の本質追求を指向して対立・止揚させ意見の出し合いをさせながら、子ども自身は自己内対話をし、自分の思想を形成し討論の出来る子どもに育っている。

教材はあくまでも子どもの発達を促すものであるとともに、人間を生きられるものとして選ばれなければならない。

第三節　子どもが存在する授業

一　人間学的子ども観に立つ授業

授業はあくまでも子ども一人ひとりが今を人間として生きるものでなければならない。そのためには、授業の中で一人ひとりの子どもが知らないことを知り、分からないことが分かり、出来ないことが出来るようになり、自分でなければつくり出し得ない新しい自分の知り方・分かり方・出来方・感じ方が出来るようになって、より高次な世界観・社会観・人間観を獲得するとき、子どもは存在感を持つことが出来る。それはまた、子どもが人間として存在する授業である。

ここで意味する「人間として」は、少なくとも第五章で挙げた「関係的存在としての人間」、「温もりを求める存在としての人間」、無限の可能性を持つ「教育的存在としての人間」、「知的・創造的、学習的存在としての人間」、自分らしさを追求して「生きる意味を問う存在としての人間」、問われている存在であり、名を持って主体的に応答する「応答的・決断的責任存在としての人間」「表現的存在としての人間」という意味である。

まず温もりを求める存在としての子どもについて言えば、授業で自分の全存在を受け入れられるとき、子どもは開放されて、自らの可能性を追求することを始める。その授業において、子どもは知る楽しさ、知の世界に遊ぶ楽しさ、知的追求・発見の喜びを持つ。子どもはただ褒めさえすればよいというものではない。子どもが出してくる意見や行為や行動、表情などのすばらしさを教員が洞察し指摘することで、子どもは認められた喜びを持ち、他の子どもたちから承認される。そうして、学級の子どもたちにも何がすぐれた点であり、どこが意味のあるものかを認識して納得し、多面的で深いものの見方や考え方、感じ方が育っていく。そうして学級全体で教材の価値追求に向かう。子どもが丸ごと受容されるとき自分を出す。その意見や行為・行動の中には稚拙と思われるものでも、必ず価値のあるものが潜んでいる。教員にそれが見抜けて実際に指摘出来るとき、子どもたちは全存在として受け入れられていることを確認し、自分の豊かな可能性を知り、学級からも社会的に承認されて存在感を持つ。

また、教員は知的・創造的、学習的存在としての学級のすべての子どもに、知り、分かり、出来る授業を保障しなければならない。それを可能にするには授業の原理・原則に立たねばならない。無原則で経験だけに頼っては、専門家としてのプロとは言えない。実際は、子どもにだけ「頑張れ、頑張れ」と努力を要求して、自らは無原則に授業を進める教員が多い。しかし、中には経験則とは言え、原理・原則を追求し、開発していった教員たちがいた。しかし、それが原理・原則として一般化されないままであった。第五章でも言及したように斎藤喜博はその体系化・一般化を図ろうとしたし、教授学はそれを体系化する学問である。

授業の原理・原則は開発・発見され続けられねばならないし、その体系化・構造化は喫緊の課題である。そうして学級のすべての子どもを授業目標について、知り、分かり、出来る物にしなければならない。知的・創造的、学習的存在としての子どもにはそれが可能であり、すべての子どもたちがそうなりたいと願い欲している。

また、人間は生きる意味を問い、自分になることの出来る存在であり、自分にならねばならない存在である。子どもにおいてもまた同様である。知り・分かり・出来ることを基盤にして、一人ひとりの子どもに、その子の知り方、分かり方、出来方をつくり出させて、その子らしさを追求させなければならない。その教育をとおして生涯にわたって自分らしさを追求して人生の作品をつくる人間としての基礎教育として、教員はすべての子どもにそれを保障しなければならない。

そうしてまた、子どもをして応答責任存在たらしめる教育を今から始めなければならない。人間は問われている存在であり、決断的存在である。様々な状況の中で選び主体的に決断し状況を切り拓いていかなければならない。授業において、一人ひとりの子どもにその子の教材解釈を持たせることは、自分の意見を持たせ思想を形成させることであり、主体的に名を持って応答出来る責任存在たらしめることにつながる。

子どもは表現的存在である。しかし表現的存在であっても表現すべき内容がなければ表現出来ない。思想内容を豊かにする授業を創造しなければならない。しかし、表現すべき自分の考えや思想があっても表現する手立てや方法を持たなければ表現することは出来ない。日本人は表現力が弱いと言われるのも、表現する教育がなされていないからである。自分の考えや思想を線や色、形などの絵画・彫刻で、音やメロディ、リズムなどの音楽で、字や文章で、音楽劇や舞踊劇などの身体表現活動で表現する教育を進めなくてはならない。表現することによって、逆に思想内容が豊かになるという相互作用がある。

二　授業を組織する

学習の主体者は子どもであり、授業において子どもが学習の主体者になるようにするのは教員であり、その意味で授業の主体者は教員である。それが授業の専門家としての資質である。教員は授業目標を設定し、その目標を達成するために授業を設計する。幾つの核を課題として設定し、どのような角度で授業展開をするか、課題となる核の順序はどうするか、何時どの場面でどのような授業形態で、どのような教育方法で、どのような発問構造で授業を展開するかという、授業の構成・演出を構想、設計しなければならない。

教育方法の原理は、子どもの本来性を合理（自然）によって、表出させることにあるというギリシアの思想に学ぶことが出来る。

竹田青嗣はハイデガーの言説に基づいて次のように言う。それによれば、ギリシア語で「真理・真実」を意味する「アレーテイア」には「隠れのなさ」、「覆いをとられる」という意味があり、「技術」を意味する「ポイエシス」には、「出て来たらすこと＝本性を露にさせること」の意味があり、「自然」を意味する「ピュシス」には森羅万象の「本来あるべき姿」の意味であると言う。つまり、「ギリシア人の意味において」は、「アレテイア」も「ピュシス」も「ポイエシス」、「テクネー」も根本的には共通しており「本来あるものを」その本来性において「出て来たらす」、「露にする、「隠れなきさまにする」ことであると言う。

ここには教育（英・education 独・Erziehung）の語源（educo）が引き出すということと共通している。外から何かを付加するのではなく、内にあるものを「引き出す」作用であり、子どもの「本来性を露にする＝出て来たらす」のが教育方法の原理である。「出来る」はまさに子どもの持っているもの、子どもの本来性を出て来たらすことである。筆者がこの書で「できる」を敢えて漢字で「出来る」と表現しているのも、「出て来たらす」という方法原理にしたがってのことである。

三　子どもが生きるリズム

授業は単なる教育技術ではない。人間には人間として生きられる時間と空間が必要である。子どもが生きられる授業を構成・展開するには子どもが内在する思考や感覚などのリズムにのっていなければ、子どもは感覚的に受け付けない。それを子どもは生きられないからである。

授業の構成で平板でべったりとしていたり、激しく主張し合うだけのゆとりのない授業では、子どもは活力を失ったりイライラしたりする。授業はドラマである。メリハリがなければならない。しかも、それには起承転結が必要である。しかし、全ての授業が同じような起承転結で組織されても、子どもの中にはドラマは起こらない。教材によって起承転結の在り方は違うし、同じ教材でも配当の順序で授業の構成の起承転結の間合いの取り方が違ってくるし、子どもの反応の仕方によって再編成されなければならない。そうでなければ、子どもは人間を生きられない。

内面的に沈潜して思考するゆったりと流れる時があるかと思えば、激しく論じ合う時があり授業目標に向かってたたみかけるように収斂していく時がなければならない。そのリズムは子どもと教員で創り出すものである。対話・問答の場面、実験・実習・観察の場面の構成について展開のリズムを構想しなければならない。それらはいずれも、子どもの思考や感性に合ったリズムで構成されていなければならない。（第五章第二節二参照）

四　授業の形態

授業の目標を達成するために効果的な授業形態を構想しなければならない。授業形態には一斉授業や個人学習やグループ学習などがある。問題は、子ども一人ひとりに学習の定着を図るには小人数の方が効果的であるという一般論から個人学習やグループ学習をすぐれた授業形態として、一斉授業は多人数授業で問題のある授業形態であるとする意見がある。しかし、授業形態はあくまでも授業の目標に応じて決定されなければならないし、授業の本質的在り方や授業の基本に立たなければならないことである。観念的に一斉授業を古臭い授業形態であると批判し、個人学習やグループ学習を進歩的授業形態であるという形式論に立ってはならない。

学習の基本は、子ども一人ひとりと教材との間に対立・止揚の弁証法的発展が成立することである。教材解釈をめぐって子どもと教師、子どもと子どもの間に対立・止揚が成立するには集団思考がなされなければならない。学級規模にもよるが、一斉授業でも多様な思考様式が生まれ対立・止揚の弁証法が可能である。否、集団思考が成立し多様な思考様式がなされるには一定の人数が必要である。反対に、個人学習やグループ学習では扱い次第では、多様な思考様式との対立・止揚の弁証法的発展がされにくいこともある。僻地の極小規模の学級では集団思考が出来ないという嘆きをよく聞く。

つまり、授業形態がどのように変わろうとも、授業や学習の基本は、対立・止揚の弁証法的発展をつくり出すことである。情報通信技術が発達しても、交流・交信という意見や思想の交換は対立・止揚の弁証法によって成立する。相手の意見を正確に理解して、それをもとに自分の考えを的確に相手に伝えて、対立・止揚していくことによって、自分の考えを確立して思想形成をしていく。特に、欧米の教育は討論が重要視され実践されている中で、我が国の教育はそれが欠落している。子ども一人ひとりが対立・止揚を起こすような授業ではなく、教員が一方的に知識を教え込む授業になっているところに問題がある。情報通信技術が発達してきた現在、イー・メールなどでの交信では、相手の主張するところを正確に理解して、自分の主張を展開するという対立・止揚の弁証法は不可欠である。

五　発問構造

我が国の授業は、一般に対話法・問答法の形式で進められる。そこでは教員の発問の質によって授業の可否がほぼ決定する。発問に対する子どもの反応を組織して授業の目標を達成するために授業は展開する。つまり、教員は教材の本質に向かって問うわけで、問いは教材の本質に向かっての指さしであり、真理への指さしである。したがって、真理に向かって問う教員だけが子どもに向かって問い真理を指さすことが出来る。ここにあっては子どもも真理の探究者である。「この窓からのぞいてご覧。何が見えますか。どんな世界が見えますか」というのが問いである。それは教材の本質への窓を開く問いである。したがって、教員には教材の本質に迫る教材解釈が要求される。子どもに問う前に教員は自分に問うて問うて問い抜いて発問をするのでなくてはならない。そうしてその問いは授業の目標に向かって収斂していくように重層構造化されていなければならない。

また、教員としての専門性の一つは「ものが言える」ということである。特に義務教育段階では、授業や学校行事などでは、教員は話をしたり説明をしたり朗読したりすることがその大半を占めており、発声や話し方は教員の専門性の最たるものである。しかし、教員養成段階においても教員研修においても、そのための訓練が組織されていない。

問題を起こした子どもの親や担任教員の話し方には、金切り声で速射砲のようなスピーキングマシンのような話し方が見受けられる。教室の中に、おしゃべりはあっても会話がなく、会話はあっても対話がない。

授業で教員は、子どもに話すのではなく語らなければならない。語る内容がなければ物は語れない。また自分に問いながら語らなければならない。そうして、教員は自分の思念を声に乗せて子どもに届けなければ、話したことにも語ったことにもならない。しかし、言うべき「もの」がなければ「もの」は言えない。語るべき内容としての「物」がなければ、当然、物は語れない。そのため話すべき「もの」、語るべき「もの」としての内容をつくる努力をしなければならない。しかし、話すべき「もの」、語るべき「もの」があっても、それを声に乗せて届ける能力がなければ何を言っても、言ったことにはならない。話す能力、語る能力の育成・訓練が必要である。

それにはまず、声が出せなければどうにもならない。声が出せても音量がなければ聞こえない。

そこで、喉をからし、喉から血が出るほど大声をあげて話すか、機械に頼りマイクを使おうとする。音量があっても音質に問題があれば教育は成立しにくい。肉声には何より温かみがある。しかし、喉だけでものを言うのでは声は届いても、思念は子どもの心には届かない。身体全体を使って話すようにすれば自然と喉が開き、よく通る声、澄んだ声、温かみのある円やかなつやのある声になる。そのようになるためには訓練が必要である。

また、それには伝える側に対象が意識されて伝えようとする願いがなければならない。「何としてでも、この子にこの思念を伝えたい」という願いがあれば、対象を意識した方向性のあるものになり、子どもの思考のリズムに合わせた話し方になり、話す適切な速度、強弱の効いた抑揚や間のとり方が工夫されて話し方・朗読の仕方・語り方にリズムが生まれる。

冷たい声や金切り声で話し、早口で考える間も与えられず、抑揚のない単調な話し方では、子どもがイライラして精神的に不安定になるのは当然である。教員養成には内容をつくるための研究・教育とともに、その内容を表現する技術や技能の訓練が不可欠である。

六　授業評価

評価は子どもの可能性を伸ばすためにするものであって、子どもを品定めするものでもレッテルを張るためのものでもない。

すべての活動には目標―実施―評価がなされるが、授業は特に評価がなければ成り立たない。

授業は仮説の検証過程であると言われる。授業の事前・事後の評価はもちろん授業過程でも評価が次々になされなければならない。

教員は、授業の対象である子どもが、教材についてどのようなものの見方や考え方、感じ方が出来るであろうかという学習のレディネスを理解しているとともに、教材自体が子どもが既有する教材解釈力をより高次なものに変革拡大する価値を内包していることを理解していなければならない。つまり、授業する教員は、その教材に対する子どもの解釈の実態を理解していて、子どもがすでに有するその解釈を、この教材によって変革することが出来ると確信して、授業目標を設定するのでなくてはならない。授業は教員の教材解釈力とその教材に関する子ども理解が第一の要件である。

つまり、教員は授業で、教材の価値を解釈し、学級の子どもたちの教材にかかわる学習のレディネスを分析・判断して、その教材でこのような方法で授業をすれば、このような資質や能力を持った子どもに変革できるであろうと仮説を立てて授業をする。授業設計も様々な方法も発問もすべて仮説であり、授業はその検証過程である。それは子ども一人ひとりに対する絶対評価である。授業前と授業後に検証評価するばかりでなく、授業過程でも仮説に立って働きかける。そうして出てきた子どもの反応を分析、判断して評価し仮説の是非を検証する。そうして、その評価に基づいて次々に方策を考え新しい仮説を立て実践するのが授業である。

したがって、教員の教材解釈の深さや豊かさが、子どもの学習のレディネス理解の鍵になり、授業設計や実践を左右する。教材解釈が深く豊かで多面的であれば、感度のよい多方向のアンテナが張れて、子どもから出る反応が的確にキャッチ出来て適切な指導に結び付く。稚拙と思われるような子どもの意見でも、その中に豊かな発想や価値のある考え方を見抜いて学級全体に広げたり、他の意見と繋げたりして授業を組織出来る。意見だけではなく、つぶやきや表情からも判断することが出来るし、その内にある内面的思考も洞察して評価して授業を発展・展開させることが出来る。授業の方法には経験の豊かさが不可欠であるが、教材解釈の質的深さにかかわる教育研究は教員養成段階からでも始めることが出来る。

〈参考文献〉

1　教育職員養成審議会「新たな時代に向けた教員養成の改善方策について」（第一次答申）

2　野村新「二十一世紀を展望して教育の現状と未来を考える──教師・学校はどうあるべきか」九州教育学会研究紀要第二五巻　一九九七年。

3　竹田青嗣『ハイデガー入門』（講談社）一九九六年。

第八章　子どもに死をどのように教えるか
――生の哲学(Lebensphilosophie)から見た死の教育の可能性――

第一節　死についての子どもの問い

「死ぬってどういうことなんだろう」
「どうしてひとは死ぬんだろう」
「死んだあと、どうなってどこへ行くんだろう」

これら三つの疑問は、子どもが「死」に対して抱く典型的な疑問とされる(1)。一般に子どもはその生き生きとした姿から、死とは縁遠い存在であると見なされがちである。しかし、子どもは大人が考える以上に普段から死について意識していることは、すでに臨床心理学の領域では指摘されている(2)。また、子どもたちをとりまく現状を見ても、子どもの自殺や、子どもによる突発的な凶悪犯罪の報道は、子どもたちに人間の死を、いやでも身近なものとして意識させるものと言える。こうした現状から最近、日本の学校教育でもようやく「いのちの大切さ」や「いのちの教育」の必要性が言われ始め、人間の生や死についての授業の実践案や実践記録が次々に出版されたり、

マスコミ等で広く紹介されたりもしている。(3)

日本の学校教育の現場において、このような「いのちの教育」や「デス・エデュケーション(「死の準備教育」)」はその端緒が開かれたばかりであり、まだ模索的な段階ではあるが、二〇〇二年度から始まる「総合的な学習の時間」との関連もあって、今後ますますその重要性が認識されて、実践例も増えるものと思われる。このことはもちろん歓迎されることではあるが、その反面、多様な教育方法や学習形態をとおして、人間の死について子どもたちがどれほど理解できるのか疑問も生じる。なぜなら「死」は「生」と並んで、人間にとって追求すべき普遍的なテーマであり、その考え方はまさに多様であり、明確な答えが出せるものではないからである。このことは哲学史や思想史を振り返れば、すぐに分かることであろう。

冒頭で挙げた子どもの問いと同様な問題を、ソクラテスを始めとする哲学者や思想家たちは、古代から追求してきた。この意味では子どもも大人も、死については対等に問う存在である。そうだとすれば、果たしてわれわれ大人が、子どもに対して死を教えることは可能なのだろうか。まずこのことが、問題とされなければならないだろう。一方では、死の教育の必要性という教育実践上の課題がある。他方では人間にとっての死の意味の探求という、哲学的課題がある。これら双方の課題を結び付け、死の教育の可能性について考えることが本論考の目的である。

第二節　子どもの遊びと死の意識

子どもは死をどのように意識し、どの程度理解できるのであろうか。このことについてはマリア・ナギイの有名な先駆的研究を始め、数多くの報告がある。外国の研究例ばかりでなく、日本においても同様の研究は存在するし、外国の子どもたちと日本の子どもたちとの比較研究も存在する。[4] これらは子どもに対して面接や質問紙調査を行った上で、主として発達心理学的な観点から考察を加えたものである。それゆえ、子どもの年齢に応じた死のイメージや理解を知る上で興味深く、実際の死の教育に際して有益な情報を与えてくれるものと思われる。

しかしここでは、哲学的な観点からこの問題について考察してみよう。その際、二つの興味深い子ども論がわれわれの注意を引く。一つは本田和子氏の「異文化としての子ども」論であり、もう一つは中沢新一氏のテレビゲーム論である。

一　異文化としての子ども論

本田は子どもが示す特有の嗜好性や活動性を、独自の視点で捉え、それらが大人には無意味に思われる反面、大人の関心を引き付けてやまない理由を探ろうとする。「幼い人たちがしばしば示す、とりとめもなく、不定形な動き、あるいは曖昧なもの、分類し難いものへの執着。それらは、彼ら自身にとって充分に意味深く大切げに見えているのだが、私ども大人の意味の範疇に位置づけられず、多くの場合『意味不明』として葬り去られる。にもかかわらず、それらは、私どもの身体の奥深いところに働きかけ、密やかな振動を引き起こしたりする。彼らの『意味不明』の呼びかけを、私どもの眼や頭が無視しても、身体は密かに応えるのだ」[5]。幼い子どもたちがその成長過程において、「不定形」で「曖昧なもの」、「分類し難いもの」――「べとべと、どろどろ、ぐにゃぐにゃ、ばらばら、ふわふわ、もじゃもじゃ、ひらひら」したものなど――に示す執拗な関心は、子育てを経験した者や幼児教育に携わったことのある者は、誰しも経験することだろう。

本田はそのような「無秩序的なもの」へ寄せる子どもたちの関心が、大人文化の秩序世界に対して脅威を感じさせるものだと説く。子どもたちはその存在そのものが、大人文化の秩序世界と対立する「異文化」なのである。「私どもは、何を覆い隠し、何を切り捨てて文化の内側に入り得たのだろうか。子どもらの蠢動がゆえもなく私どもの身体を脅かすように、覆い隠されたものは、あるいは、現在の秩序をゆるがすほどの『力ある何か』ではなかったろうか。このような視座に立つとき、秩序への適応を至上とする『発達的子ども観』は自ら問い直されざるを得まい。そして私どもは、『対立する他者』としての子どもを捉え直す必要に迫られる」[6]。こうして本田は子どもの「他者性」「異文化性」を解読し、子どもとの新たな関係性を求めながら、秩序そのものを問い返すことを試みている。

ところで本田が指摘した、子ども特有の「秩序をゆるがす力」とは何だろうか。この力について、本田は様々な表現を与えている。（例えば「本来的な暴力性」「無意識」「創造主の聖性」「野生の発現」「原初性」「混沌の持つ活力」「自然性」など）。しかし結局はそれは、「身体に把握される充足であり活性化であって、言葉の論理に浮上することを拒む」ものであるとされる。それゆえこの力を概念的に把握することは困難であるが、それが子どもの身体をとおして、創造的な活動と破壊的な活動という二面性を持って現れることは確かであろう。本田によれば、それは例えば子どもの砂遊びや泥遊びに顕著であるし、時には子どもの身体自体の破壊をも呼び寄せる場合がある。

例えば子どもの病気は、本田によれば子どもの「自然性の一形態」であり、「自然性を欠き、あまりにも一元化された日常性の中で、彼らの『自然性』が己れを主張する姿」であるとされる。つまり子どもは病気になることによって、日常的な規範に対して自ら境界線を引き、一時的に自らの自然な姿に戻ることができる。子どもにとって病気がある種の魅力を持ち、それに親しみを感じるのは、このような理由によるものとされる。子どもが病気になって、自然な姿に戻ろうとすることを、本田は「赤ん坊になる」という隠喩を用いて、次のように述べる。

「赤ん坊になって、遠い過去を再現する。それは、精神分析の言辞を借りるなら、母胎回帰を希求し、ニルヴァナに憧れるタナトス願望である。病気は、その肉体を滅びへ押しやるという意味で『死』と結び合わされているだけでなく、その憧憬のありようにおいても、『死』を包含し、『死』と密着している。とりわけ、子どもたちは、大人にもまして、素直に『死』と向き合い、それと付き合うことが出来る。『はじまりの世界』に立ち戻るとは、彼らの無意識を支配する不断の願望なのだから……」(7)。

本田のこのような言説において、子ども特有の「秩序をゆるがす力」が、子どもの死の意識と結び付いていることに注意しなければならない。このことを本田は精神分析学特有の概念を借りて、子どもの「無意識」に現れる「タナトス願望」と表現しているが、これはフロイトによって「死の欲動(Todestrieb)」と呼ばれたものである。「秩序をゆるがす力」はこのように破壊的な特徴を持つ反面、それは創造的な活動としても働く。

もしこのような特徴を、同様に精神分析学の概念を用いて表すならば、それは破壊的な「死の欲動」を中和して、生の維持・発展を推進する「生の欲動(Lebenstrieb)」(エロス)に相当するものと言えるだろう。したがって、子ども特有の「秩序をゆるがす力」とは、エロスとタナトスとの対立と中和の運動が、子どもの身体をとおしてわれわれ大人に視覚化されて現れるものと言うこともできる。

二　中沢新一のテレビゲーム論

本田が主として子ども特有の原初的な嗜好性や身体活動から、その「秩序をゆるがす力」について語っているのに対し、中沢はテレビゲームという子ども特有のテクノロジー文化から、子どもの中に潜む「野生の思考」について語っている。両者はそのアプローチの仕方は異なるものの、そこで語られている子ども像は全く同じである。

中沢はフロイトが「死の欲動」を発見するきっかけとなった「いない／いた」遊び（母親が不在の時に、一年六ヶ月の幼児が「いない、いた」と言いながら、身近にあった糸巻きを遠くに投げてはたぐり寄せることを繰り返した遊び）の有名なエピソードを引用して、次のように語っている。

「糸巻きを放り投げてはたぐり寄せる動作は、二重の意味を持っているらしいのだ。一つは、子どもの体内にわき上がってくる不安の感情の上に、『ある（1）／ない（0）』という記号でできた象徴の体系を置くことで、子どもは誰に習ったわけでもないのに、自分で自分の感情のカオスをコントロールしようとしている。それともうひとつ、それができるようになると、子どもはその象徴の道具を使って、くりかえしくりかえし、不安や恐怖の源泉に好んで接近していこうとする衝動をおさえることができない。つまり人間のこどもは、象徴という安全を確保してくれる装置があれば、自分を不安に陥れる対象や状況をくりかえし再現したいという欲望につきうごかされている、まったく奇妙な生き物なのである」(8)。

中沢によれば、子どもが糸巻きという「象徴の道具」を使って繰り返していた遊びは、母親の不在をきっかけとして生じた「死の欲動」に対して、「生の欲動」が対立し、それを中和する過程の象徴的行為である。そしてこの象徴化がいったんうまくいけば、子どもはそれを何度でも繰り返す。このことは子どもたちの遊びや、子ども文化のあちこちで見い出すことができるだろう。例えば子どもたちが好む怪談話やホラー映画、心霊現象や心霊写真、死後の世界への興味、「こっくりさん」に代表される魔術的なもの、おまじない的なものへの関心、占い、超能力やUFOなどのいわゆる「不思議現象」への関心などは、すべて「象徴を利用した遊び」と見なすことはできないだろうか。(9)

そして中沢は、このような象徴を利用した遊びが現代のテクノロジーと結び付いたものとして、一九八〇年前後に大流行した「インベーダーゲーム」を挙げる。黒いモニター画面(宇宙空間)の中から次々と現れては、下降してくる光の固まり(インベーダー)を、スティック棒を動かしボタンで次々と消していくというこの単純なゲームは、「糸巻き遊び」と同じく「いない／いた」の反復操作である。

「『インベーダーゲーム』に夢中になっている自分の心理をよく観察してみると、心の奥のほうでたえまなく起こっている過程に、このゲームが軽い接触を行っているのが感じられる。次から次へとあらわれるインベーダーは、ただの光の点でできているから、それを射撃して破壊したとしても、まちがって他の生き物を傷つけたり殺してしまったりしたときのような重い感情はわいてこない。それは光の固まりであるインベーダーのほうが、蛙やトンボや蝶々のような、生命の個体性の確かさを持っていないからだ。インベーダーは、リアルとヴァーチャルの中間状態にあって、きわめてあいまいで不確かな存在にとどまっている。だから、それは軽々と出現するし、いともたやすく破壊され消滅していってしまう。その出現と消滅のくりかえしが、薄い記号の膜をつくって、『死の欲動』のざわめきへと向けられている。つまり、このゲームは私に、エロスとタナトスがまだ自由に行き来をおこなっている、生命のかなり深い層でおこっていることに、手で触れたり影響をおよぼしたりすることを可能にしてくれているのだ」[10]。

ところで中沢は、インベーダーゲームのインベーダーには、次の三つの特徴があることを指摘している。

1、それがどこから来るのか分からない。

2、それは次々と際限なく現れる。つまり、それは多数性を持っている。

3、出現と消滅の過程がなめらかにおこる。

中沢によれば、これらの特徴は精神分析学でラカンの言う「対象ａ」の特徴と一致するという。「対象ａ」とは、人間の心の中で言語によっていずれは意識化できる部分と、言語によっては捉えられない無意識の欲動とが接触し合う境界面で生じてくるものとされる。それゆえそれは言語では表現しがたく、その形態や内容は定まらず、意識による完全なコントロールは困難である。それは言ってみれば、子どもの内面で世界が言語によって秩序正しく把握されていく過程で、この秩序のどこかに「ほころび」や「穴」が生じ、そこから「うじゃうじゃ」と次々に湧き出てくるようなイメージとして捉えられる。それが形態化されてこの世に出現した場合、「うじゃうじゃ」「くねくね」「もじゃもじゃ」など多数多様を持って出現するか（インベーダー）、その無形態性や異形性が直接に視覚化された形で「モンスター」として出現することになる。

このように「対象ａ」とは、「知覚や意識の秩序をはみでてしまうような過剰」さを持ち、「ことばの秩序がつくる心の中に、象徴化されなかった生命そのものの力」であるとされる。それははっきりと意識されることがないだけに、余計にわれわれの心を引きつける。とりわけ未熟な言語表現で世界の秩序を形成しつつある子どもにとっては、魅力的なものとなる。

「そして子どもたちは、『対象a』の表象に目や耳や口や皮膚で触れながら、大人になっていく過程で自分が抑圧したり、分離したり、捨てたりしてこなければならなかった『象徴化の残り物』を回復できたという感覚をいだいてそれに喜びを感じているのである。それをとおして子どもたちは、自分の中に息づいている、なまの、手つかずの『自然』に触れることができたような、奇妙な快感をおぼえることになる」[11]。

中沢の言う「対象a」が、本田の言う子ども特有の「秩序をゆるがす力」に対応し、子どもたちに「曖昧なもの」「不定型なもの」に対する嗜好性を呼び起こすものであることは、もはや明らかであろう。両者とも子どもの存在を、秩序と無秩序の境界線上で捉え、その身体活動や遊びをとおして、大人の秩序世界を揺さぶる存在として捉えている点では共通している。子どもはその無意識下において生と死の境界状におり、それゆえ大人以上に死に対して素直に向き合え、死と付き合える存在であることを両者は主張するのである。

子どもは成長していく過程で、その独自の遊び文化から抜け出していく。それは精神分析学的な見地から言えば、生と死の欲動の中和機能を果たす身体的・感覚的な子ども文化が、言語による秩序世界に置き換えられていく過程である。中沢は、この過程で子どもは失われつつある「対象a」を求めて、原初的な自然の調和を取り戻すために旅する虚構の物語（ファンタジー）を好むようになると言う。したがって中沢や本田にとって、ファンタジーやそれに類した子ども独自の遊び文化（「対象a」にこだわったり、それを探し求める遊びなど）は、子どもが自己の内なる自然性を大人の秩序世界から守る防護壁のような役割をしているものと考えられる。

われわれ大人は子ども独自の遊び文化を、これまでどちらかと言えば汚いもの、無意味なものとして否定的に捉えてきた。だがこのような独自の遊び文化の中で、子どもは自己が適応していかなければならない秩序世界に対して境界線を引き、すでに大人が失った無秩序的で原初的な自然性への回帰を訴えていると言える。それゆえ大人はまず、子どもたちの遊び文化に理解を示し、それを認め、場合によってはそのような機会を提供しなければならないだろう。本田と中沢の子ども論は、われわれにそのことを教えてくれているように思われる。

しかし両者とも、子どもにとっての死を精神分析学で言う無意識のレベルで捉えており、実際に子どもにとって死それ自体が現実のものとして意識される過程については、考察していない。両者の関心は、子ども固有の世界を大人世界と対立的に捉え、その独自性を追求することにある。その場合手がかりとするのが、無意識の「死の欲動」である。このような無意識をわれわれは、それが象徴化されたものをとおして解釈することはできるが、勝手に操作することはできない。つまりそこには、意図的教育の介入する余地はない。精神分析学は、子どもの無意識に死の欲動があることを明らかにしても、教育の可能性を認めないのである。

しかし、子どもが常に成長途上にあることは、まぎれもない事実である。子どもは毎日、新しい言葉や表現を獲得し、大人の秩序世界へと入り込んでいく。われわれは子ども文化の異質性が秩序世界へと組み入れられていくことを、本田や中沢のように消極的に評価するのでなく、むしろ積極的に評価して、そこに教育の可能性と役割を見い出すべきだろう。そのためには、無意識と意識との関係について、精神分析学以外の観点から新たに考察する必要がある。

第三節　生の哲学における「力（Kraft）」と「意味（Bedeutung）」

無意識と意識との関係を、ボルノウは（O. F. Bollnow）「生の哲学」の立場から捉えている。その際ボルノウが手がかりとするのが、リクール（P. Ricœur）の解釈学である。リクールは、解釈学の立場からフロイトの精神分析学との対決を試み、無意識と意識との関係を「力と意味との関係」として捉え直す。ここで言う「力」とは、「無意識的に駆り立てる力としての生」のことであり、「意味」とはそのような生が意識化された結果である。つまりリクールにおいては、無意識と意識は生の二側面として捉えられており、生は一方では「願望」や「欲求」として駆り立てる「力」として現れ、他方では言語を手段として「意味」あるものとして把握される。

このような「力と意味との二つの観点を互いに融合すること」が、リクールにとって問題となる。リクールにとって力と意味は、無意識と意識というように対立的に捉えられるのではなく、両者は生の二側面として根底を同じくしている。発生的に見れば、「意味の根源」はすでに無意識の中に含まれており、無意識は意味を追求する力として働くものとされる。こうしてリクールは、次のように言う。「精神分析学は、われわれにありのままの力を示すのでは決してなく、ひとつの意味を求める力を常に示す」[12]。リクールのこのような見解は、精神分析学でいう無意識と意識との明確な境界をなくし、人間の心的な生活における力と意味との関係として、前者から後者への段階的移行を可能とするものである。つまり生は言語によって、意識化もしくは意識に近づけることができる。

ただしこの場合、生は言語によって完全に表現され、意識化されるわけではない。例えば願望は自己を表現する言葉を常に求めるが、それを完璧に表現することはできない。そこでは、いつでも語られずじまいのものが残ってしまう。つまり、意味を求める力としての生が言語によって意識化される時、そこで言語へともたらされたものはすべて、「語られなかったもの、語り得ないもの」との緊張状態の中に置かれているのである。

ところでボルノウは、リクールによって明らかにされた力と意味との関係が、生の哲学の代表者であるディルタイ（W. Dilthey）とその直弟子であるミッシュ（G. Misch）によっても、同様に考察されていることを指摘している。ディルタイにとって生は、人間の歴史や文化、社会として現れ、これらをとおして「体験（Erleben）」される。このような生を「理解（Verstehen）」し、学問的に基礎づけていくための方法を、ディルタイは生涯にわたって追求したが、その晩年になって生の客観的な認識のために、「生の範疇（Lebenskategorie）」という概念を提示している。生の範疇とは、個人的な生の体験から一般的な生の表現（「客観態（Objektivation）」）まで、多様な範囲にわたって、生の理解の際に用いられる精神科学特有の基礎的諸概念である。この概念には例えば、「力、意味、価値、目的、部分と全体、構造、発展、作用、連関」等が含まれている。

したがって力と意味とは、ディルタイにとって生を把握するための基礎的概念なのである。

ディルタイによって提出された力と意味との範疇の関係を、ミッシュは独自に発展させている。ミッシュは生が力として把握されることを、次のように記述している。「膨大な世界の出来事の作用連関は、全体的力の形成として解明される。この全体的力において諸々の緊張や、必ずしも満たされない諸要求や、あらゆる種類の憧れが、前方へと突き進める創造的なエネルギーとともに作用している」[13]。このようにミッシュによれば、生は諸々の歴史的出来事を形成し、それらを連関づけながら作用していく「全体的力」であり、「創造的なエネルギー」である。その際、形成された出来事を連関づけ、確定していくための範疇が「意味」である。意味によって生の経過の中で生じた出来事は、ある一定の連関として、「部分と全体」との関係として構造的に把握される。このように意味は、際限なく流れ、進展していく生を境界づけ、統一し、それに形態を与えていくものである。このことをミッシュは、「非合理的なものと形成的な力との根本的関係」と表現している。

しかし意味によって獲得された生の統一は、前進していく生の力強い流れの中で乗り越えられ、そこに戻され、再び新たな統一を形成していくものとされる。生の経過はこのように、同時的な「展開（Explikation）と創造（Schaffen）」として特徴づけられるのである。

ミッシュによれば、生とはこのように形態化と無形化を繰り返しながら、創造的に展開していくものである。生の形態化の過程は、人間個人においては生の合理的把握の試みであり、それがうまくいけば、生の充足感をもたらす。しかしそれは同時に、生の有限性を知ることでもある。

その一方で生の無形化の過程は、生の不可解さ、非合理的側面の強調である。このことは生に対する不安感をもたらす。しかしそれは同時に、生に対して限りない可能性への期待を抱かせるものである。このことをミッシュは、次のように言う。

「[生を]境界づけることは、形態化という人間の幸福と、現存在の時間的な確定化を生み出すが、しかしまた、人間を凌駕する有限性という悲劇をも生み出す。それに対して限界無きものにおいては、全くの不確実さに囲まれた人間が保護を求める暗闇だけが存在するのではなく、前進し、自分自身の現存在の新しい可能性を現実化する幸福を開示する測りがたい地平もまた存在する」(14)。

生の形態化と無形化のこのような関係の中に、われわれは死の意識の起源を求めることができるだろう。

第四節　子どもにおけるファンタジー的世界の形成

生の哲学の観点からすれば、子どもの精神的成長は、自分にとって非合理的な生を、合理的なものへと意味づけていく過程である。この過程は言語によって行われ、生は言語によって有意味なものとして意識される。

ここでは生は、精神分析学で言う意識と無意識のように明確に区分されるものではなく、非合理的なものから合理的なもの、無意味なものから有意味なものへと段階的に意識されるものである。このような意識化のために用いられる言語は、先にボルノウが指摘したように、その言語によって直接語られている意味以上のもの、つまり生の合理的な把握に際して「語られなかったもの、語り得なかったもの」をもわれわれに示唆している。

ミッシュはこのような言語による語りを「喚起的語り（evozierendes Sprechen）」と呼んでいる。喚起的語りとは、「意味されたものが、なるほど確かに話されたことの中に決して完全には含まれず、ただそこから推定され得るだけであるが、しかし聞く者にある精神的な運動を呼び起こし、この運動によって聞く者自身が意味されたものへと導かれて、発言された言葉の中に明白に含まれていない何かを把握するような話し方」である。

言い換えればそれは、「呪文で呼び出す（beschwörend）語り、つまり意味されたことを呪文で呼び起こすような語り」であるとされる。[15] 子どもがその拙い言語表現によって、自己の生の体験内容を一生懸命表現しようとする時、そこで使用される言語は、しばしば隠喩的表現となり、時に喚起的語りの特徴を持つ。このことは、子どもの詩の特徴を見れば明らかであろう。[16] このような語りによって、子どもは自己の生を意識化して、独自の意味世界の統一的形成を行っていく。子ども特有のファンタジー的世界は、このようにして構成されていくものと言える。

しかしこのファンタジー的世界が拡大され、強固なものとして形態化されるようになると、やがて大人の秩序世界と衝突するようになる。その時子どもは悩み、自己の意味世界について反省せざるをえない。子どもはこの時、自己の意味世界を修正して新たな意味づけを迫られる。子どもは時には自力で、時には大人の援助を受けながら、このような意味世界の修正を繰り返しながら、大人の秩序世界へと移行していく。子どもの生のこのような「展開と創造」が、子どもの成長であると言える。この意味ではファンタジー的世界は、自己の内なる自然性を大人の秩序世界から守る防護壁のようなものではなく、子どもと大人の意味世界を媒介するものである。子どもの側から言えば、ファンタジー的世界は大人の秩序世界への入り口である。大人の側から言えば、ファンタジー的世界は、その喚起的語りの世界をとおして、生の根底にある非合理的なものへの回帰を促す。このようにファンタジー的世界は、虚構と現実、生の非合理的側面と合理的側面とが入り混じった、独自の意味世界なのである。

ところで子どもにとって、死の意識は生の形態化と無形化の繰り返しの過程、あるいは生の合理的側面と非合理的側面との間の往復運動において、生じてくるものであった。そうだとすれば、子どもはその生の展開と創造の過程において、ファンタジー的世界を介して、死についての意味を徐々に明確にしていくものと考えられる。

子どもは死に対して、自己の限られた生活経験から、独自の意味づけを行い、死についての一定のイメージを形態化していく。それはやがて子どもたちの間で語られ、共有されるようになる（死後の世界の想像、怪談話、ホラー映画など）。それは、死についての一種のファンタジー的世界であると言える。このようなファンタジー的世界をとおして、その中で遊びながら、子どもたちは彼らなりに死を意識し、理解しようとしていると言える。このような理解は大人から見ると、無意味で非現実的なものに思えるが、子どもにとっては意味あるものであり、ある程度現実味を持っているのである。

ファンタジーの世界では、さまざまな物語をとおして死が語られる。そこでは登場人物は、簡単に死ぬし、また生き返ることもできる。テレビゲームのロールプレイングゲームの世界では、主人公は無敵だし、敵は簡単に消滅する（死ぬ）。しかしこれらの死のイメージは、やがて死に関する現実的な出来事と衝突することになる。それは例えば、身近な人の死やペットの死、いろいろな喪失体験、事故による怪我や病気など、様々な事実が考えられる。その時子どもは、自分が物語の主人公と違って無敵でもなければ、不死身でもなく、現実の死は痛みと苦しみ、悲しみを伴うものであることを経験するだろう。虚構としての死と現実の死、イメージとしての死とリアルな死とを区別するものは、まさにこのような、死が苦痛を伴うことの経験なのではないか。この時子どもの中で、死は現実的な恐怖や不安となり、大人に対して死についての率直な質問となって現れる。そこでは子どもは、大人からの援助を必要としている。死の教育の必要性は、ここに出てくるものと言える。

第五節　死の教育の可能性

現実の死が身体的にも、精神的にも苦痛を伴う経験であること―このことを大人はまず、子どもに教えていかなければならないのではないだろうか。大人はこのような経験を、人生の中で子どもより多く経験しているはずであるし、それを子どもに事実として伝えることができる。幼い子どもにはファンタジー的な読み物をとおして、また、死が医学的・生物学的に理解できる年齢の子どもには、実話やドキュメンタリーなどをとおして、死が現実には苦痛を伴う経験であることを伝え、虚構の死と現実の死との区別をはっきりとつけさせていくべきだろう。

次にまた、死がこのような苦痛を伴う経験である限り、恐怖や不安はつきものであるが、しかしそれはある程度克服できるものであることを、われわれは子どもに教えていかなければならない。まだ幼い年齢段階の子どもに対しては、死は避けられず、大人にとっても怖いものであることを話してやり、恐怖や不安を子どもと共有するだけで、子どもの不安はやわらぐものである。そして子どもの年齢段階に応じて、例えば次のようなことを理解させていくべきだろう。人間は自己の生の有限性を意識しても、それを克服し、新しいものを実現していく可能性を持つものであること（哲学的考察）。死がなぜ怖いのか、また、実際に自分の死を意識した人間の心理がどのような変化を遂げるのか、そして身近な人の死を経験した者の心理がどのような経過を経て癒されていくのか（心理学的考察）。死の恐怖や不安を克服するために、人間は歴史の中で死についての様々な伝統や風習、儀式等を生み出してきたこと（歴史的・民俗学的考察）。死の恐怖や不安が、人間の生に創造的な活力を与え、偉大な芸術作品を生み出してきたこと（美学的考察）。死の恐怖や不安は、宗教的世界観を信仰することでも克服できること（宗教的考察）、などである。

これらのことは、すべて死の教育の対象領域であり、実際の授業において、教材をとおして子どもたちに教えることが可能である。このような授業を通して、子どもたちは死に関する知識を体系的に理解することができる。しかしながら、死の意識が生の合理的な側面と非合理的な側面との間に根ざす限り、死について語る場合、そこでは必ず「語られなかったもの、語り得なかったもの」が残される。つまり、死を論理的な言語で語り尽くすことは不可能なのであり、恐怖や不安を完全になくすことはできないのである。「死ぬってどういうこと」、「どうしてひとは死ぬの」、「死んだあと、どうなってどこへいくの」——これらの子どもの疑問に対して、死の教育は様々な教材を提供できるが、明確で納得できる答えを出すことはできない。死についての子どもの素朴な疑問は、われわれ大人に、死を合理的に把握することの難しさを改めて気づかせてくれるものである。

それゆえわれわれ大人は、死の教育の可能性とその限界について、自覚しておく必要がある。死の教育は、死は現実に苦痛を伴う経験であること、そして死についての恐怖や不安は、ある程度克服できることを教えることができる。

しかし、死を完全に合理的に把握することはできない。死の教育は、生の非合理性をも同時に意識させるものなのである。それゆえわれわれ大人は、子どもに対して死の教育を行う一方で、もはや教育的立場からではなく、子どもの死についての問いに対して、子どもと対等の立場で、既成の科学や宗教、哲学等から離れて、死について自由に対話していく機会を持つことが必要なのではないだろうか。このような対話によって、子どもと大人の双方が、それぞれ自分にとっての生と死との意味を理解し、それを深めていくことが重要であるように思われる。

〈参考文献〉
(1) アール・A・グロルマン、重兼祐子訳『死ぬってどういうこと?』、五一頁。春秋社、一九九五年。
(2) 例えば次のものを参照。河合隼雄『子どもの宇宙』、岩波新書、一九八七年。山中康裕『少年期の心』、中公新書、一九九九年。
(3) 例えば次のものを参照。『ひと』編集委員会『「死」と「生」を教える』、太郎次郎社、一九九〇年。エリック・ローフス、麻生九美訳『子供たちにとって死とは?』、晶文社、一九九三年。種村エイ子『「死」を学ぶ子どもたち』、一九九八年。現代のエスプリ『生と死から学ぶいのちの教育』、至文堂、二〇〇〇年。「学校における生命倫理教育ネットワーク」編著『生命の教育』、清水書院、二〇〇〇年。
(4) 例えば次のものを参照。稲村博・小川捷之編『死の意識』、共立出版、一九八三年。アルフォンス・デーケン編『死を看取る』、メヂカルフレンド社、一九九二年。E・キューブラー・ロス、秋山剛・早川東作訳『新・死ぬ瞬間』、読売新聞社、一九九六年。日本教育学会『教育学研究』第六四巻第一号、公開シンポジウム記録「いのちの大切さをどう教えるか」、一六―三〇頁、一九九七年。
(5) 本田和子、『異文化としての子ども』、一一頁。ちくま学芸文庫、一九九二年。
(6) 同、二一頁。
(7) 同、九四頁。

（8）中沢新一『ポケットの中の野生』、岩波書店、二九頁、一九九七年。

（9）子どもが不思議現象に対して示す興味についての心理学的研究として、次のようなものがある。菊池聡・木下孝司編著『不思議現象　子どもの心と教育』、北大路書房、一九九七年。菊池聡『超常現象をなぜ信じるのか』、講談社ブルーバックス、一九九八年。

（10）中沢新一、前掲書、三一頁。

（11）同四五頁。

（12）Otto Friedrich Bollnow, Studien zur Hermeneutik, Bd. I, Freiburg/München 1982, S. 267.

（13）Georg Misch, Lebensphilosophie und Phänomenologie, Stuttgart 1967, 3. Auflage, S. 166.

（14）Misch, a.a.O., S. 170.

（15）Bollnow, Vom evozierenden Sprechen（Manuskript）, S.3. なおこの邦訳はボルノウ、玉川大学教育科学編『教育者の徳について』、玉川大学出版部、一九八二年の中に収録されている。

（16）このことについては、次のものを参照。池上嘉彦『ことばの科学』、岩波書店、一九九二年。

第九章　21世紀に生きる地球市民を育成する教育
——価値観形成をめざす社会科教育——

はじめに

最近、青少年の凶悪犯罪、殺傷事件、性問題、薬物乱用などの問題行動は、ますますエスカレートし、深刻さを増していると言っても過言ではない。事件が起こるたびに、教育関係者は、「なぜ事件は起きたのか」「どうして防げなかったのか」「もっと方法があったのでは」「原因は何で、どうすればよかったのか」と思いめぐらす。しかしこれと言った決定的な解決法も見い出せず、ただ立ちすくむだけである。

また学校現場からは、悲痛とも言える叫び声が聞こえてくる。いじめ、校内暴力、不登校を初めとして、今の子どもたちは「思いやりがない」「自己中心的である」「感情がコントロールできない」「人間関係がうまくもてない」「我慢できない」「あいさつができない」「突然教室で暴れ始める」「キレル」など、あげればきりがないという状況である。まさに世紀末現象と言ってもよい。最も残念なことは、対処的療法があっても、これらの問題状況が根本的に発生しない教育を創造できなかった、ということである。

一方、国際社会に目を転じれば、世界情勢も大きなうねりの中をさまよっているかのようである。特に、一九九〇年以降、ドイツ統一（九〇年）、ソ連の崩壊（九一年）というように、国が崩壊するなど想像すらしなかったことが、いとも簡単に起こっている。アジアでは、九七年にタイの通貨危機がアジア諸国の経済危機を引き起こし、国家の存在が危機的状況に陥った。

そうした中、アジア・東南アジア諸国は、このような国際情勢、国際社会・時代を生き抜いていくための教育改革に取り組んでいる。タイでは、危機を教訓として、グローバル・スタンダードな強い国作りのため、「一九九九年国家教育法」が公布された。またベトナムでも九九年に「ベトナム教育法」が施行されている。さらに中国では、国際化への対応から、九七年にカリキュラム改革が行われている。

こうした改革は、これまでの教育ではもうどうにもならない、これからの時代を生き抜くためには、これまでにない、新しい枠組みの下での教育が必要であるという認識から行われているのである。

現在、国際社会で緊急に解決していかなければならない問題として、環境問題、人権問題、平和問題、開発問題がある。これらの問題について我々人類は、地球的レベルで論議し、手を携えながら、解決していかなければならないのである。したがって、まさに我々は、グローバルな視点から、意思決定でき、地球規模の問題解決に向け行動していける地球市民を育成するという、新しい教育の枠組みの構築に迫られているのである。

そこで、本小論では、二〇〇二年度から実施される新学習指導要領がどのような方向を進もうとしているのかを踏まえたうえで、二十一世紀の新たな時代の教育はどうあるべきかを検討し、地球市民を育成する社会科教育の可能性を探ることを目的としている。

第一節　一九九八年度版学習指導要領と社会科

一　「生きる力」と「総合的な学習の時間」

一九九八年に、小・中・高の学習指導要領が告示された（小・中学校は一九九八年十月告示、二〇〇二年四月実施、高校は一九九八年十一月告示、二〇〇三年四月実施）。

これに先立ち、一九九六年に中央教育審議会は、子どもの問題状況や社会の変化に対応していくためには、これからの学校教育の在り方として、ゆとりの中で自ら学び自ら考える力などの「生きる力」の育成が基本であることを提言した。

その「生きる力」とは、①自分で課題を見つけ、自ら学び、自ら考え、主体的に判断し、行動し、よりよく問題を解決する能力、②自らを律しつつ、他人と協調し、他人を思いやる心や感動する心など豊かな人間性とたくましく生きるための健康や体力、というものである。完全学校週

5日制の下での「ゆとり」の中で、学校、家庭、地域社会がお互いに連携し合って、以上のような力を身につけさせることにより、子どもたちの問題状況を克服しようとしているのである。

このような「生きる力」は、どれをとっても目新しいものではないが、どれもが現在問題となっている力である。こうした力を、学習内容を削減してまで、今一度徹底的に鍛え直そうとする試みは、文部省の英断とも言える。

一九九八年学習指導要領では、「生きる力」を育成するための主たる時間として、「総合的な学習の時間」が創設された。各教科の授業時間数を一律三割ほど削減し、この時間に年間一〇〇時間前後を割り当てたのである。

この「総合的な学習の時間」は、教科でもなければ、領域でもない。また目標もなければ、内容もない。ただ、「ねらい」があるのみである。その「ねらい」とは、①自ら課題を見付け、自ら学び、自ら考え、主体的に判断し、よりよく問題を解決する資質や能力を育てること、②学び方やものの考え方を身に付け、問題の解決や探求活動に主体的、創造的に取り組む態度を育て、自己の生き方を考えることができるようにすること、である。すなわち、自ら学び、自ら考える力を育成し、学び方や調べ方を身につけることを主なねらいとしている。この時間の最大の特色は、目標と内容が決まっていないことであり、学習者である子ども自身が学習を創っていくのが大原則であるという点である。これまで指導を主たる役割としてきた教師は、指導者ではなく、あくまでも支援者であることが求められているのである。このような授業観は、大きな教育観の転換とも言えるものであろう。こうした時間は、新たな道を拓く可能性を持つものと言えるかも知れない。学校現場では、この時間の趣旨の捉え方には、戸惑いも多いようであるが、各教師は、創意工夫し、他の教師と連携し合って運営していかなければならない。その際、教師は指導するという発想を持ってはならないのである。子どもと共に学習を創り、支援者としての教師でなければならないのである。以上のような原則の下で、「総合的な学習の時間」が二〇〇二年から始まるのである。

二　新学習指導要領における社会科——その特色

さて、社会科はどのような特色を備えているのであろうか。旧一九八九年学習指導要領との対比も念頭に置きながら、小学校、中学校、高校地理歴史科、高校公民科の特色を、教科の全体目標からみておこう。

まず、小学校社会科の教科目標は、

「社会生活についての理解を図り、我が国の国土と歴史に対する理解と愛情を育て、国際社会に生きる民主的、平和的な国家・社会の形成者として必要な公民的資質の基礎を養う。」である。

また中学校社会科の目標は、

「広い視野に立って、社会に対する関心を高め、諸資料に基づいて多面的・多角的に考察し、我が国の国土と歴史に対する理解と愛情を深め、公民としての基礎的教養を培い、国際社会に生きる民主的、平和的な国家・社会の形成者として必要な公民的資質の基礎を養う。」である。

さらに高校地理歴史科と公民科の目標は、それぞれ次のとおりである。

（地理歴史科）

「我が国及び世界の形成の歴史的過程と生活・文化の地域的特色についての理解と認識を深め、国際社会に主体的に生きる民主的、平和的な国家・社会の一員として必要な自覚と資質を養う。」

（公民科）

「広い視野に立って、現代の社会について主体的に考察させ、理解を深めさせるとともに、人間としての在り方生き方についての自覚を育て、民主的、平和的な国家・社会の有為な形成者として必要な公民としての資質を養う。」

さて、以上の教科の全体目標を概観したとき、いくつかの点について触れておかなければならない。

まず第一に、教科の目標の表現としては、中学校の目標に「社会に対する関心を高め、諸資料に基づいて多面的・多角的に考察し」と「愛情」という文言が、また、高校公民科に「主体的に考察させ」という文言が新たに付加されたことである。こうした表現は、「生きる力」を育成するという今回の改訂の趣旨に即して付加されたものである。しかし、小・中・高の究極目標は、従来通り「公民的資質の育成」にあることに変化はなく、一貫しているということである。目標における抜本的な変化はないのである。

第二として、問題解決的な学習や体験、活動が一層重視されている点である。学び方や調べ方の学習、体験的な学習、活動を重視した学習、問題解決的な学習などは、特に小学校では従来にもまして重視されている。したがって、旧指導要領に比べ、さらに問題解決学習の原理に基づく学習を押し進め、系統学習原理による学習との均衡を図ろうとしていると言える。このように、問題解決的な学習、体験、活動をより一層重視した社会科は、新たに創設された「総合的な時間の学習」との関係の中で、従来にもまして教科の性格を明確化するものであると言える。

そして第三としては、本小論のテーマに関わる点であるが、国際化という社会の変化に対応した社会科に関する点である。国際化が、グローバル志向であるかないかの問題である。この問題は、教育が、ナショナルなのか、インターナショナルなのか、グローバルなのか、ローカルなのかという問題でもある。指導要領の社会科の理念は、「国際社会に生きる日本人の育成」という点に集約される。さらに細部を見ていくと、小学校では、「我が国の国土の様子」「我が国の歴史や伝統」「日本人として世界の国々と共に生きて」（以上「目標」）や「外国ともかかわり」「外国から輸入」「近隣の諸国」「世界の中の日本」（以上「内容」及び「内容の取り扱い」）と言った表現が見られる。また中学校では、「日本や世界の地域」「我が国と諸外国の歴史」「我が国の文化と伝統」「国際的な相互依存関係」（以上「目標」）などや「世界の地域構成」「世界の国々」「世界と比べて見た日本」「近現代の日本と世界」「国際社会における我が国の役割」（以上「内容」）という表現が見られる。

このような文言を先の視点で分類した場合、少なくともグローバルと言う観点はそこには見あたらないということである。つまり、ナショナルな面、インターナショナルな面、ローカルな面が、混在しているのである。とりわけ「国家」という単位・枠組みが強く意識され、国家枠を重視したものと言えよう。これらの目標と内容からは、地球市民を育成しようとする点は非常に弱いと言わざるをえないのである。

このように新しい学習指導要領社会科が、地球市民の育成を志向したものと言えないということになれば、既存の目標と内容を踏まえながらも、独自に、創造的な授業計画、授業実践を教師自身が創っていかなければならないということになる。今の社会情勢からすれば、それは当然のことであろう。

それでは、地球市民を育成する社会科教育とはどうすればよいのであろうか。ここでは、地球市民性を身につけるための基礎となる力とはどのようなものであるか、全体の方向をどうすべきかについて考えておきたい。具体的な方法・内容はその思考過程から自然と導き出されるはずである。

第二節　地球市民育成の社会科

一　なぜ、今、地球市民育成の教育か

現在、国際化、情報化、少子・高齢化などの社会の変化というのは、国境を越えたところでさ

らに急速に進行している。なかでも、インターネット、IT革命などによる情報化の進展は、世界をますます狭めている。かつての東欧社会の崩壊は、情報の流通が引き金になったとさえ言われている。つまり情報化が国家を崩壊に導いたと言ってもよいのである。さらに最近では、イスラム社会は、インターネットを通じて、国境を越えてお互いのネットワークの構築に取り組んでいる。さらに環境問題については、地球という視点を抜きにした論議は空論の何者でもないという認識で、その解決が迫られている。

これまでの国際理解教育、異文化理解教育、多文化理解教育、開発教育などという枠組みは、既に時代遅れで全くだめだと言うことではないが、これまで見てきたように、グローバルと言う視点を含めないことには、問題の本質を正確に捉えきれない事態になってきているということなのである。ここでは、「地球市民の育成」という観点からのアプローチに注目し、新しい教育の枠組みを模索していく際の手がかりを得ようとするものである。

二　地球市民育成の教育と社会科

箕浦康子氏は、『地球市民を育てる教育』(岩波書店、一九九七年)の中で、地球市民の育成について、以下のように述べている。

十九世紀から二十世紀にかけては、国民教育の時代であった。当時は「国家」という観念と無縁なところで生きてきた人に国家観念を植え付け、アイデンティティの源泉を国に求める国民の心性を形成した。教育はナショナルな性格を濃厚に持っていた。ところが一九九〇年前後の比較的最近になると、グローバリゼーションの担い手である国家は後退し、また人権問題や地球環境問題などが、国際的関心事となり、国境を越えて人々を連帯させるようになった。その結果、人々の意識がグローバル化することとなった。ゆえに地球市民教育の時代が到来したのである。二十一世紀には、地球市民という立場から教育を再構成する必要に迫られ、地球市民教育は世界に開かれた市民をどのように育成していくかを課題としているというのである。そしてその教育は、正解のない問題を考え続ける態度を養い、自ら責任を引き受け、発信し、行動する主体としての自覚を持つことが主要目標となっている。

すなわち二十一世紀の地球市民教育は、従来の主権国家の体制や価値観に捉われず、地球的視野からものを考え、行動する能力の育成を課題としている。地球全体にわたる課題を解決するためには、「国民」という視点よりも、「地球市民」という視点でものを考える必要があるとされるのである。

このような地球市民教育の理念というのは、ナショナル・アイデンティティよりもグローバル・アイデンティティが教育の中心テーマとなり、正解のないところで最善の回答を求めて考え続ける態度を養うことになる。肯定的な自己像を各自が持ち、異質性を楽しめる心性を養い、教師と子どもが一緒に学び合い、ともに地球時代の新しい文化実践を創ることであるとされる。つまり二十一世紀の教育とは、グローバルな未知の課題と立ち向かい、困難な問題を把握・分析し、意思決定を行い、行動しうる能力を備えた人間を形成することとされている。

さてところで、このような地球市民育成の教育以外に、これまでの国際化に対応する幾種類かの議論があるので振り返っておこう。

まずユネスコが提唱してきた国際理解教育がある。ここでは、「人権の学習」「他国の学習」「国連の学習」を三本柱とした学習が行われた。一九五三年来、協同学校の実験授業が行われたが、我が国では全国に普及しなかった。結局、知識伝達型の授業が主流に終わったと言ってもよい。

次に開発教育であるが、六〇年代から始まったこの教育は、当初、南北問題の解決に重大な問題意識を持つことから始まった。近年においては、開発問題だけでは狭義なため、開発を初め、平和、人権、環境問題も含めて研究対象とするようになっている。知識理解だけでなく、積極的な社会参加を可能にする技能や態度の育成を主たるねらいとするようになっている。

異文化理解教育では、自分の価値基準・価値体系を絶対視するのではなく、それを保持しつつも相手の立場に立ち、相手の価値体系を理解する、生活様式、行動様式などの生活文化を理解する、あるいはそれらに尊敬心を持つことを通して異文化を理解するのである。つまり、人間理解ができる資質を育成することが究極の目標となる。文化の理解では、固有性、多様性の理解とともに、同時に文化の普遍性も認識することが重要なのである。

グローバル教育では、グローバル化し、相互依存性を増しつつある世界を前にして、グローバルな見方やグローバルな価値の実現を重視して意思決定し、時にトランスナショナルな行動のとれるグローバル公民性の育成を目指すのである。そこでは、地球的な課題に対して、グローバルな視点・見方を持ち、意思決定し、実際に行動がとれる人間の育成が目指されるのである。

多文化教育は、多数の民族、社会集団の存在を前提とし、特定の価値観に偏ることなく、民主的な価値観と信念に基づいた倫理的な教授・学習が実施されなければならない。個々の集団が有する文化の相互存続を認め合いながら、相互に助け合い、相互に尊敬し合う社会の達成をねらいとする教育である。学校は一つの多文化社会システムであり、子どもたちはその中で多文化化された地域社会への対応の仕方が訓練されるのである。これは、すべての人々の存在を認め、平等で民主的な教育の機会を提供するのである。

以上のように、これまでのいくつかの国際化対応の教育理念を参考にしたとき、二十一世紀における地球市民育成の教育とは、「異文化、他文化を理解・尊重し、共生できる態度を持つとともに、開発・平和・人権・環境などの地球的規模で考えなければならない課題に対して、グローバルな視点から考え続け、意思決定でき、実際に行動できる人間の育成、つまりグローバル・シティズンシップ育成の教育である」と暫定的結論を提案しておきたい。

それでは、地球市民を育てる社会科とはどのような社会科であろうか。どのような方向性を持つべきであろうか。

目標としては、まず第一は、異文化理解、多文化理解ができること、つまり文化の相互理解ができることである。どのような文化であれ、文化の多様性・固有性、及び文化の普遍性が理解できることである。第二は、一つの社会集団の中で、共生できることである。また、社会集団同士が共生できることである。第三は、ナショナルではなくグローバルな視点で物事を考えることができることである。第四は、価値判断、意思決定ができることである。最後の第五は、行動できることである。

上記の目標のうち、特に地球市民性の資質として重要であり、継続的、意識的に育成しておかねばならないものは、「価値判断能力」「意思決定能力」であり、「行動力」であろう。これらの能力を小学校段階、いや幼児段階から計画的に身につけさせておきたい。これまでの社会科では、知識・理解の習得にあまりにも偏重し、こうした能力の育成はあまりにも軽視されていたからである。これからの地球時代・社会を見据えたとき、とりわけ価値判断能力や意思決定能力、つまり価値観の問題は、最も重要な基礎能力だからである。社会科は、価値観形成のための教科として低年齢段階から行われるべきである。

次に、内容については、第一は、異文化理解、多文化理解に関するものである。例えば衣食住に関する内容などがわかりやすい。第二は、環境に関する内容である。身近なものではゴミ問題から、グローバルな問題に迫ることができよう。第三は、平和の問題に関する内容である。平和と戦争の問題から、紛争、戦争の問題をグローバルに考えさせることができる。第四は、人権の問題である。差別の問題は身近な問題である。グローバルな視点から人種差別、人権差別の問題に発展できる。特にアジアや東南アジアなどの発展途上国に対する偏見差別の問題は、長年の課題となっている。第五は、開発の問題である。これは、広義には平和、人権、環境問題も含むが、狭義の南北問題も可能である。

これらの内容に関して具体的なものをあげればきりがないので、省略するが、これらのものを単独、あるいは複合的に、各学校段階の発達段階に応じて配列し、一貫したカリキュラムを構成することが必要である。

第三節　価値判断能力・意思決定能力＝価値観形成のための社会科

一　価値観とは

「価値観」に関連する用語としては、価値、価値意識、価値判断、意思決定などの用語があるが、これらの用語についての厳密な定義、関連性については、これまで膨大な先行研究がある。ここでは、これらの語義の解釈、定義の問題に関する考察は主たる目的ではないので省略する。しかし、価値観に関する用語として、価値判断能力と意思決定能力については若干の吟味が必要である。

「価値」論については、我が国の価値研究の第一人者である見田宗介氏の説をよりどころとして論を進める。氏の『価値意識の理論』（弘文堂、一九六六年）によれば、「価値」とは、「主体の欲求をみたす、客体の性能」と定義されている。その一般的な機能は、「意識的行為における選択の基準」となる。「主体」とは「個人または社会集団である」。「欲求」とは、最も広い意味での道徳的、芸術的、社会的欲求を含むあらゆる分野において、あらゆるものを「のぞましい」とする傾向のすべてである。「みたす」とは、直接に欲求の対象である場合のみならず、欲求をみたす手段ないし条件として間接的に「のぞまれる」場合を含んでいる。さらに「客体」とは、価値判断の対象となりうるいっさいのものであり、実在的・非実在的な物体・状態・事件、行為・人間・社会集団、衝動・観念思想体系などである。すなわち、「価値」とは、我々の行為の目標を決定し、その目標を達成するための手段のうち望ましいものとそうでないものとを区別するという規範的意味を持つものである。

さらに見田氏は、価値は客体の側にあるものであり、主体の側の要因である価値意識とは概念上区別している。価値とは、「のぞましきもの」「のぞまれるもの」ではなく、「のざましさ」であるとしている。価値はまた対象の属性であるが、それは客観的属性（高さ、明るさ、堅さなど）とは異なり、本来人々の欲求に由来する主体的属性である。

それでは「価値観」はどうか。見田氏によれば、価値観は価値意識と同義とされ、行為主体の意識構造のうちにあって、一定の対象に向けられた観念、関心、態度、願望であると考えられている。また『教育学大事典』（第一法規、一九七八年）によれば、価値観とは「人間が行為するに際して影響を与えるところの『望ましいもの』に関する概念」であり、またそれは、「個人的な差異はあるものの総じて共通した特性を分有しており、明確に提示されるかどうかの違いはあるにしても、それぞれの社会に特徴的な文化をかたちづくるとともに諸個人の行為を規制する重要な要素である。」つまり価値観とは、「文化の重要な要素であり、同時に社会における共有的な行為選択の基準」なのである。

したがって、「価値」と「価値観」との関係については、価値が個人の中に内在化、内面化されることによって、価値観、価値意識が形成されることになる。

さて「価値判断」という用語は、『社会科学大事典』（鹿島出版会、一九六八年）によれば、ある主体がある客体の価値を判断するとき、その主体が「価値主体」であり、その客体が「価値客体」であり、その判断が「価値判断」となる。つまり個々の価値主体は、多くの価値客体について、様々な価値判断を下すことになるのである。個々の主体の、多くの客体に対する、明示的もしくは黙示的な価値判断の相対によって、その主体の「価値意識」が構成されるのである。さらに『新教育学大事典』（第一法規、一九九〇年）によれば、「価値判断が個々の対象に応じその都度されるのに対し、価値意識とは、その価値判断の根底にあって、価値判断にある種の統一性・一貫性を与え、パーソナリティー構造の一部をなすものである。両者は相互作用の関係にあり、価値判断は常に価値意識に依拠して決定され、ここの価値判断が集積されて価値意識となる」のである。

ところで、社会科においては、「意思決定」という用語が頻繁に使用される。この用語は、そもそも個人あるいは組織がある問題を判断し、あるいは解決するために、期待された効果を最大限に実現する上で、ふさわしい合理的手段のいくつかある代替案の中から選択する行動である。

要するに価値観とは、図にも見るように、価値の内在化、内面化したものである。また価値に

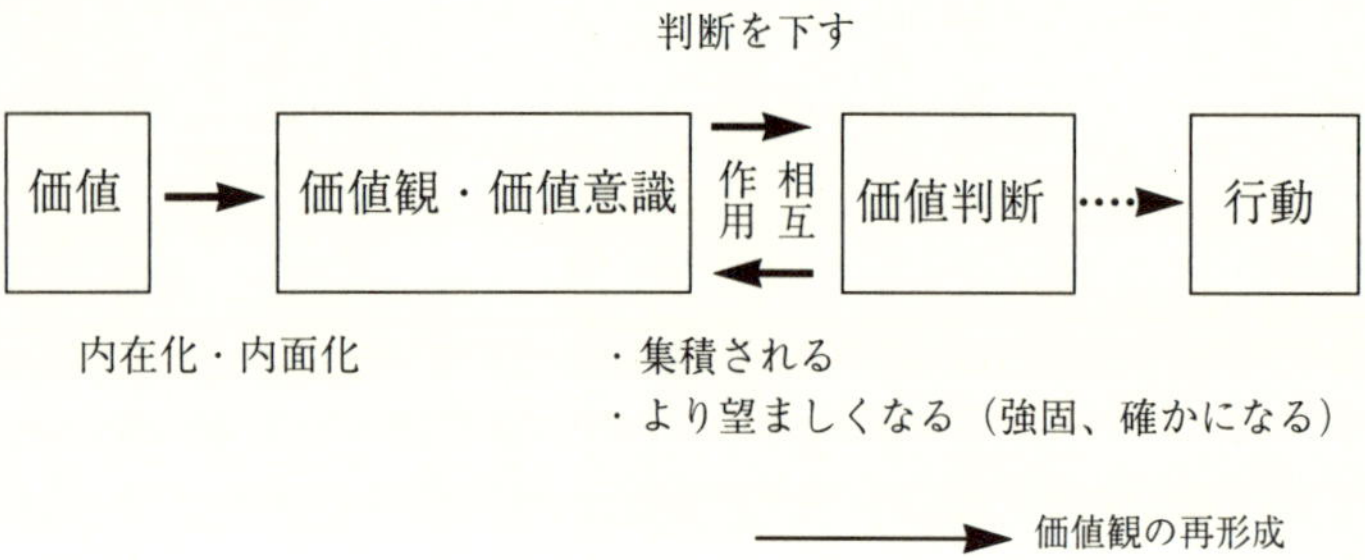

価値判断のメカニズム

判断が下され、その価値判断の下で、価値観と価値判断の相互作用により、価値観・価値意識が集積され、より強固なもの、より確かなものとなっていくのである。

二　価値観はどのように形成されるか

価値観は、学校教育、家庭教育、社会教育すべての教育活動の中で形成される。それが意図的、無意図的であれ、さらには教科内、教科外の学習であれ、あらゆる教育の中で形成される。例えば、家庭内でのしつけの中で、あるいは近所のおばさんおじさんとの会話の中で、価値観が形成されるのである。しかしここでは、意図的な教育、とりわけ学校教育の中でこの価値観を、副次的に形成させるのではなく、直接的なねらいとして学習活動を展開するにはどうすればよいかを考察する。

価値観・価値意識を持つということは、一つは、様々な価値を自己の中に内在化・内面化することであった。したがって、教育の役割は、いかに内在化・内面化する方向へしむけるかということになる。次に、さらに価値判断との相互作用によって、既に持つ価値判断をより強固、より確かなもの、あるいはより望ましいものにすることである。さらに現在の社会情勢、国際情勢を考えた場合、この価値観、価値意識が、行為、行動に結び付くかどうかの問題がある。最終的には、行動できるというレベルまでを視野に入れた価値観形成のための教育が必要な状況となっている。なぜならば、今人類が直面している地球的課題は、緊急に解決しなければならないという非常に差し迫った問題であるからである。

そこで、社会科はどう関わるかである。教育の中でも社会科は、どのような役割を持つのか、社会科が価値観の形成にどう関わるかを考えなければならない。関心、態度、願望、見方、考え方、さらには行動にまで影響を及ぼすところの価値観・価値意識と捉えることとする。そしてこれらのものをいかに内在化・内面化していくかということが社会科の役割であり、かかわり方である。

学習指導要領を概観して、それが最も端的に示されているものが小学校社会科である。特に各学年目標には、態度に関わる目標、社会的思考力、判断力に関わる目標が価値観と深いかかわりを持つ。これらの中でも、特に関心、態度、思考力、判断力、さらには願望、見方、考え方などと言ったものが、価値観の具体的なものと捉えることができる。つまりこれらは、公民的資質と呼ばれるものである。従って、価値観を形成するということは、関心を持たせること、態度を身に付かせること、思考力・判断力を持たせること、見方、考え方を持たせることということにな
る。さらに重要なことは、価値観は、行動力と強く結び付いていなければならないということで

ある。

三　価値観形成のための社会科授業構成の視点

①目標

価値観形成のための社会科の目標は、すでに見た図からも明らかなように、「価値判断能力」「意思決定能力」の育成ということになる。この目標の達成を目指した授業を構成することになる。

実際の授業では、学習指導要領の枠内で行われるので、つまり学習指導要領の目標を地球市民の育成の観点から解釈しなければならない。各学年に示された目標を見れば、「態度」「思考力」「判断力」がこれまで対象としてきた価値観形成の対象となる。つまり価値観形成の社会科で最もねらいとする目標なのである。さらに重要な点は、後の学習過程のところで触れるが、価値判断能力、意思決定能力が形成された後実際に行動につながるものがのぞまれる。すなわち、行動力、実践力を視野に入れた価値観形成であることが求められる。

②内容（教材）

どのような内容を授業で扱えばよいか、その視点について見よう。価値観形成に最も有効と思われる内容（教材）は、「論争問題」である。討論できる内容であることが条件である。それも二者択一的な価値葛藤問題である。現在、グローバル社会において我々が一般的に抱えている問題として、環境問題、平和問題、人権問題、開発問題がある。このような問題における論争問題が教材となる。

③方法

どのような授業形態が価値観形成に最もふさわしいのか。一般的に授業とは、A：児童生徒が情報を取り入れる活動（講義を聴く学習、調査・見学学習、視聴覚学習、観察学習）と、B：児童生徒が再構成した情報を外に出す活動（テスト、発表・報告学習、劇化学習、討議・討論学習、ディベート学習）とから成る。多くの授業は、AからBへ、さらにBからAへとフィードバックを繰り返しながら進行しているのである。Bについては、個別に出すもの、グループにして出すもの、全体で出すものに分けることが可能である。すなわち学習過程は、複雑な過程の組み合わせで行われるのが通常であるが、これまでの社会科授業は、Aの側面を中心として行われてきているといと言えよう。

価値観形成ということからすれば、授業形態は、Bの形態を主としてとることになる。

このBの学習形態では、児童生徒が興味関心を持ち、楽しみながら授業に参加できることが必要な条件となる。このような学習形態の中で、価値観形成を最も促すであろうと思われるのが、発表・報告学習、討論学習、ディベート学習である。中でも最近、我が国ではディベート学習が盛んに行われるようになった。

④価値観を形成する学習過程

ここでは、価値観を形成するための学習過程モデルを提示しておこう。

（学習過程）

Ⅰ　問題把握	児童生徒が興味関心を持てる問題、児童生徒に身近な問題を取り上げる。価値を含む社会論争問題を把握する。何が問題になっているかを把握する。
Ⅱ　問題の分析	原因を分析する。なぜその問題は起こっているのか、論争を引き起こしているかを、客観的、科学的データに基づき究明する。
Ⅲ　価値判断	論争場面を設定して論争する（ディベート）。根拠、理由を明確にして仮説的な価値判断を行う。
Ⅳ　解決案の提案	根拠、理由付けされた価値判断の後、解決案を提案する。どのような具体的解決案が考えられるか、理由、予測も含めて検討する。
Ⅴ　価値判断能力の形成	最終的にどの解決案が望ましいか、整理し、各人が最終決定案を考える。
Ⅵ　行動	実際にやってみる。（実際にやれない場合は、意見を表明する。）

以上が、学習過程の大きな流れである。留意点としては、まず何を問題として設定するかである。最後の過程である「行動」という段階を念頭においた場合、子どもたちはおもしろく取り組め、実行可能性の高いものを考えたい。

次に価値判断を行うとき、ディベートという具体的な学習形態を設定しているが、自分なりの意見、考え方を表明することは、それなりの理由、根拠が示される必要がある。自分なりの根拠、理由を言えるということは、その時点で既にその子なりの価値観が形成されたことを意味しているとも言える。こうした学習は、道徳での徳目注入主義、あるいは価値の注入という危険を回避できるのである。そして重要な点は、授業の終わりが、先生が「はい、わかりましたね。いろいろ意見がありますね、このような問題を起こさないように気をつけなければなりませんね。」というように、ただ社会を認識するだけに終わらないよう、価値判断に迫り、実際に行動してみる、意見を表明してみるという過程を組んでいるのである。この学習過程では、価値判断する部分が、最低2回（ⅢとⅤ）保証されるのである。

こうした学習過程では、いくつか留意すべき点がある。

まず第一は、価値観形成が価値注入、態度主義に陥らないことである。科学的でなく、合理的でない認識に基づく価値観の形成は避けなければならない。価値判断は、合理的、科学的な事実認識の下に行われなくてはならない。先の学習過程では、Ⅱの問題分析で行われる。つまり原因分析の中でそのテーマに関係ある基本的な事項の理解が、科学的、客観的、合理的に行われる。そこでの教師は、ミニマムエッセンシャルを含む授業の場を設定する必要がある。さらにⅢの段階においてつまりディベートを行うに際して、児童生徒は、相手の主張を論破するために、より客観的、合理的、科学的なデータの収集につとめなければならない。こうした過程を経て、テーマに関する事実認識を正しく得ることができるのである。またこうして得られた事実認識は、ただ調べたり、活動したりして得られた認識よりも、より強固なものである。したがって、決して事実認識を軽視したものではなく、むしろ通常の授業より事実認識が深いものになると考えられる。学習指導要領に示される目標との関係から見れば、Ⅰ・Ⅱの過程において事実認識をし、Ⅲ・Ⅳ・Ⅴ・Ⅵの過程において価値観の形成、公民的資質の育成が行われるのである。

第二に、この学習過程は、行動力、実行力までを視野に入れている点である。特にディベートのテーマによっては、行動できない、実行できないものがある。一人ではどうにもならない場合どうするかである。「米を輸入すべきか」「原発を建設すべきか」「自衛隊を派遣すべきか」と言ったテーマのものは、ディベートに適さない場合もある。したがってテーマの種類、性質によっては限界もある。歴史学習の場合は、「どうするべきか」という判断は「どうすべきであった」ということで討論を進めることになる。

おわりに——課題と展望

以上、地球市民の育成は、その最も基礎となる部分として、価値判断能力を育成すること、意思決定能力を育成すること、つまり各自が確固たる価値観を持つことが重要なねらいであることを主張してきた。グローバルな視点に立った教育、つまりグローバルな視点に立つ社会科の創造に邁進すべきなのである。これまでの社会科研究は、主として知識・理解の習得を目ざした授業づくりや授業研究にウエイトを置いてきた。価値観の問題は、どちらかと言えば、避けて通ってきたと言ってもよい。しかし、市民性という場合は、この問題は避けて通れない。その意味でも、価値観形成に焦点を当てた社会科研究が望まれる。また、価値観は、「生きる力」の育成においても、さらには青少年の諸問題の解決においても、重要な鍵を握る不可欠の要素である。

グローバルな思考、価値観を形成するこのような教育は、根無し国民、コスモポリタンを育てているだけではないかという声が聞こえてきそうであるが、決して、自国の歴史、伝統文化の学習を軽視、否定するものではない。この問題は、グローバルとローカルの相互関係の問題でもある。身近なところからこの地球市民の教育は始まるのである。しかしそこでのスタンスは、国家主義的なものではなく、グローバル社会を見据えたものでなければならない。グローバルな視点からの解釈、グローバルに行動できるという視点での社会認識を計画的に行われなければならない。今こそ、地球社会、国際社会の中で、人類の福祉と平和の実現に向けて、正しい現状認識、歴史認識を持つことによって、共生できる社会を築いていかなければならないのである。

〈参考文献〉

1　魚住忠久著『グローバル教育の理論と展開』黎明書房、一九八七年

2　樋口信也著『国際理解教育の課題』教育開発研究所、一九九五年。
3　野村新、二見剛史編著『いのちを輝かす教育』一莖書房、一九九六年。
4　箕浦康子『子どもと教育　地球市民を育てる教育』岩波書店、一九九七年。
5　佐藤郡衛、林英知編『国際理解教育の授業づくり』教育出版、一九九八年。

跋　新世紀への期待

本書は、世界各地の良心ある人たちが新しい「知」を求めて動き出している様子を視野に入れながら自らもまた「いのち」の輝きを求めて努力した足跡を刻んだものである。

子どもの「いのち」を輝かすためには、教師自身が、「いのち」を込めて教材と取り組み、その中から宝物を探し出してこなければならないわけだが、それは、肝心の教材が宝の山として自ら光彩を放つものでなければ出来にくい仕事であろう。

執筆陣は『いのちを輝かす教育』（一莖書房・一九九六年）のメンバーを中心に構成されている。前書の内容を基盤としながらも、この五年・十年の間に射し込んできた新しい光や風を受けとめ、新世紀へ「いのち」を込めて論述した・新しい知の世界を満載したということには決してならないだろうが、最新情報を折り込むため努力した結果であるにちがいない。前書を本書と共に、味読していただければ望外の喜びである。

一体、二十一世紀の人間教育は如何にあるべきか。新しい「知」を探索するためには、伝統と革新を交差させながら、時代の推移を見据え、自覚の念を深くしなければならない。いわゆる「近代」といわれた十九世紀・二十世紀の総括を踏まえ、新しい知の世紀をこれから如何に生きるべきか、そのための透徹した理論が今、求められている。原点回帰の志向も少なくない。

ここで、歴史を概観してみよう。十八・十九世紀は啓蒙の時代であった。ルソーに代表される

「子どもの発見」・自由・平等の思想は、フランス革命を引き起こし、ナポレオン法典を生み、近代公教育制度の整備が進捗した。一九〇〇年、スエーデンのエレン・ケイ女史が『児童の世紀』(The Century of the Child) を出版したことの意義は大きい。二十世紀は「児童中心主義」を旗印にした「新教育運動」が世界を席巻した時代と言える。やがて、人間的子ども観の実りは「子どもの権利条約」に集められた。「その子がその子であること」については誰も侵すことは許されない厳粛な世界なのである、と認識された。

二十世紀は、しかし、世界大戦を介在する中で、戦争と平和が交錯したため、人類全体にとって幸福な時代だったとは決して言えない。この十年、二十年、世を挙げて盛んとなってきた「生涯学習社会」の学びは、こうした前世紀の残滓を払拭しながら、本物を求める姿勢の中で成立すると思う。いのちを輝かす教育が人びとの願いとなってきた。

因みに、私たちが問題にしている「いのち」は、単に人間の生命だけではない。森羅万象あらゆるものの「いのち」である。従来、教育学では「子ども」を研究対象にしてきたが。子どもを中心に人間の「生きる力」を引き出すという使命に留まらず、力そのものを支える背景にあるもの、広くは宇宙や自然、社会や環境全般に注目し、生かされているお互いの「いのち」を感じ合うところから教育の問題を考えたい、というわけである。

教育本質論、教育関係論、国際化論、そして授業論、近代教育史等々、多岐に亘る論考は、執筆者の個性や専攻分野により色々な顔立ちをしているが、共通の思いや理想がある。二十一世紀が、平和と福祉、いのちの尊さを守るために、着実な歩みであることを祈らずにはおられない。

最後に、野村新・大分大学学長からの呼びかけで今回も協力させていただいた。同氏と机を並べていた大学院時代を思い起こすとき、「初心忘るべからず」の格言が脳裡をよぎる。執筆者一同に代わり、感謝を込めて、本書を新世紀の教育界に送り出したい。

二〇〇一（平成十三）年一月

編者　二見　剛史

野村　新（のむら　あらた）

九州大学大学院教育学研究科博士課程、教育・思想教授学専攻。大分大学教授、教育学部長、現在大分大学長。教育課程審議会副会長、教育職員養成審議会委員並びに大学院等特別委員会委員及び教育養成課程認定特別委員会委員。著書『子どもが生きられる世界』（一莖書房、1987年、日本図書館協会選定図書）、『いのちに出会う授業の創造』（一莖書房、1993年、日本図書館協会及び全国学校図書館協議会選定図書）、『子どもの生を支える教育』（共編著、1990年、一莖書房、全国学校図書館協議会選定図書）。

神崎　英紀（かんざき　ひでのり）

九州大学大学院教育学研究科博士課程教育哲学専攻。現在大分大学教育福祉科学部助教授。著書『人間と教育の探求』（共著、一莖書房、1989年）、『いのちを輝かす教育』（共著、一莖書房、1996年）。『教員養成史の二重構造的特質に関する実証的研究』（共編著、渓水社、2001年）。

高橋　浩（たかはし　ひろし）

国際基督大学大学院教育学研究科博士課程教育哲学専攻。現在志學館大学教授。著書『教育実践の原理と展開』（共著、川島書店、1989年）。『いのちを輝かす教育』（共著、一莖書房、1996年）。『現代教育論』（共著、学文社、1997年）。

//〈著者紹介〉//

二見　剛史（ふたみ　たけし）――――――――――――――――――――

九州大学大学院教育学研究科博士課程教育史専攻。現在志學館大学教授。同大生涯学習センター長。『日本近代教育百年史』（共著、国立大学研究所、1974年）。『子どもの生を支える教育』（共編著、一莖書房、1990年、全国学校図書館選定図書）。『日中教育交流と文化摩擦（共著、第一書房、1994年）。『いのちを輝かす教育』（共編著、一莖書房、1996年）。

瀬戸口　昌也（せとぐち　まさや）――――――――――――――――――――

九州大学大学院教育学研究科博士課程。教育哲学専攻。現在別府大学助教授。主要論文『デュルタイの教育学と哲学――生の解釈学としての陶冶論――』（別府大学『別府大学紀要』第40号、1998年）。『主観性と身体――脳死・臓器移植と日本人―』（別府大学アジア歴史文化研究所「アジア歴史文化研究所報」第14号、1997年。『生の哲学の「二重の顔」の問題―ディルタイの哲学的思考の特徴について―』（別府大学会『別府大学紀要』第41号、1999年）。

平田　利文（ひらた　としふみ）――――――――――――――――――――

九州大学大学院教育学研究科博士後期課程。現在大分大学教育福祉科学部教授。社会科教育学、比較教育学専攻。著書・論文に「国際化時代における社会科教育」、「タイの社会科カリキュラム――公民教育を中心に――」（全国社会科教育学会『社会科教育論叢』第40集、1993年）。『子どもの生を支える教育（共著、一莖書房、1990年、全国学校図書館協議会選定図書）。『タイからみた日本の教育』（日本教交会、1991年）。『いのちを輝かす教育』（共著、一莖書房、1996年）。

新しい知の世紀を生きる教育

2001年4月15日　第1刷発行

編著者　野村　新
二見剛史
発行者　斎藤草子

発行所　一莖書房
〒173-0001　東京都板橋区本町37-1
TEL 03-3962-1354　FAX 03-3962-4310
組版／ワニプラン　印刷／平河工業社　製本／大口製本

ISBN4-87074-119-9　C3037